人の国際移動と EU

地域統合は「国境」を
どのように変えるのか？

岡部みどり 編

法律文化社

巻頭に寄せて

　人々は，生来持つ社会的な性質から，必要に迫られ，あるいは，自らの意志により移動する。人の移動は有史以前から存在し，これからも続いていくことであろう。今日の人の移動は，大規模であること，ペースが早いこと，行き先が多様であること，要因がより複雑であることに特徴がある。人の移動が起こると，人々の流動性により，多くの国で経済的，社会的，文化的，政治的政策や施策に重要な影響が生じる。それは，移動する人々，受け入れ側の人々，出身地に残された人々などの個々人の生活に重要な影響を与える。

　また人の移動は，国家の安全やアイデンティティー，社会の変容，異文化適応，既に限りある資源の配分などの多くの機微な問題を突き付ける。政府や移住政策立案者は，程度の差こそあれ，これら全ての問題に対応しなければならない。今日どのような政策をとるかが，今後，人の移動から最大限の利益を得ることができるか，あるいは人の移動が，潜在的な社会の分断化や国家間の軋轢といった不安材料となり続けるかを決定する一因となるだろう。

　結局のところ，外国籍を有する者の出入国管理に関する決定は，各国政府の専権事項となっている。そのため理論的には，人の移動への対処方法は国家の数と同じだけ数多くありえる。各国政府は，人の移動の過程から生じる現象に様々な方法で対応する。その対応方法が，時には異端と思えるようなものも含め，多様な移住管理施策の発展につながる。それら施策がどういったものであれ，多くの人々が移動しているという現実は各国政府に難問を突き付けており，最も現実的で，効果的で，財政事情に見合っており，国益にかなうと政府が思う方法で，それら問題に対処する最善の努力をしているのである。

　各国政府はそれぞれの特殊な状況と事情に基づき，数々の移住管理施策を試みてきた。国境管理のための生体認証技術の利用，非正規移民の域外審査，季節労働者や循環移民の受け入れ，業種別クオータ制による管理，労働市場テスト，ポイント制による選択型受け入れ，家族呼び寄せ，難民の第三国定住のよ

うな人道的受け入れ，留学，ワーキング・ホリデー・ビザなどといったものである。

　全ての国家にあてはまるような移住管理モデルは存在しない。しかし，移住管理施策の土台となり得る共通の原則や基準はある。移民の人権保護の担保，国内労働市場との競合ではなく補完的関係，移民と受け入れ地域社会の調和的共存の促進，省庁間の協議・協力を通じたバランスのとれた多角的アプローチ，政府全体だけでなく社会全体を巻き込むこと，そして適用可能な国際的好事例の検討と採用などである。

　移民管理施策にかかる欧州連合のグローバルな取り組みは，精巧であり財政投資も多額である。長引く経済停滞や，世界中から命懸けで欧州入域を試みる人々の流入とも相まって，今，欧州連合の移住管理の取り組みはヨーロッパ地域の安定性と共に岐路に立たされている。ヨーロッパの経験からアジア，特に日本は，何を学ぶことができるのであろうか。岡部みどり氏編集の本著はこれらの問いに答えようとするものである。

国際移住機関駐日事務所

駐日代表　ウィリアム・バリガ

2015年 8 月

目　　次

巻頭に寄せて　　　　　　　　　　　　　　　ウィリアム・バリガ

序　章　**人の国際移動と EU** ……………………………… 岡部みどり　　1
　　　　——ハイ・ポリティクス化，統合への挑戦，グローバル・イシューとの接点
　　1　もうひとつの欧州統合 ……………………………………………… 1
　　2　負の統合への反発か？——加盟国国内政治への影響 ………… 3
　　3　グローバル化との関連——複数の規範形成 …………………… 5
　　4　本書の目的と構成 …………………………………………………… 6

第 1 部
EU における人の国際移動
——移動のパターン，移動者への権利付与，移動の規制の様相

第 1 章　**すべてはシェンゲン圏からはじまった** …… 岡部みどり　　15
　　　　—— EU 出入国管理政策の変遷
　　1　はじめに
　　　　——欧州統合におけるシェンゲン圏の位置づけ ……………… 15
　　2　出入国管理政策の EU 化に至る道程 …………………………… 16
　　3　EU 共通出入国管理体制の成立 ………………………………… 18
　　4　評　　価 ……………………………………………………………… 20
　　5　EU 出入国管理の将来
　　　　——さらなる統合か，グローバル・ガヴァナンスへの転嫁か？ …… 24

iii

第2章　EUにおける国際労働力移動……………安藤　研一　27
──高度人材活用策の戦略と実態

1　はじめに──問題の所在 …………………………………… 27

2　EUによる労働力の自由移動に関する政策 ……………… 28

3　労働力移動策の意図と背景 ……………………………… 29

4　EUにおける労働力移動の実態 ………………………… 32

5　労働力移動の評価 ………………………………………… 36

6　むすび ……………………………………………………… 37

第3章　EUにおける高度技能者移動の権利…………須網　隆夫　40
──弁護士の自由移動を中心に

1　はじめに …………………………………………………… 40

2　弁護士の国際移動を支えるEUの法制度 ……………… 40

3　弁護士の国際移動の現状 ………………………………… 44

4　弁護士の国際移動がもたらす国内制度の変化 ………… 46

5　弁護士の国際移動と加盟国の公益との抵触 …………… 50

6　最後に──EUにおける弁護士の国際移動からの示唆 ……… 51

第4章　EUの安全保障政策における域内治安問題との連結
……………………………………………… 植田　隆子　54

1　対外安全保障政策と域内治安の連結 …………………… 54

2　連結の両側面 ……………………………………………… 55

3　域内治安部門の対外的側面 ……………………………… 56

4　対外政策部門での域内治安問題に対する対処 ………… 57

5　EUとしての政策強化を目指す包括的アプローチ ……… 61

目　　次

第5章　**EU 移民統合政策の生成と展開**………………佐藤　俊輔　65
　　　　──競合する「統合のための権利」と「権利のための統合」

　1　競い合う2つの移民統合政策
　　　　──「統合」と「権利」のメビウスの輪 ……………………………… 65
　2　アムステルダム条約以後の移民統合政策
　　　　──権利による統合から市民統合へ ……………………………………… 66
　3　リスボン条約以後の EU 移民統合政策
　　　　──部分的超国家化とその行方 ………………………………………… 70
　4　結語──移民統合政策の現状と人の国際移動管理への示唆……… 73

第2部

人の国際移動をめぐる政治
── EU 加盟国における動向

第6章　**イギリス** ……………………………………… 若松　邦弘　79
　　　　──政策の脱政治化と政治問題化のなかの EU 域内移民

　1　労働力としての EU 域内移民 ……………………………………… 79
　2　脱政治化の試み
　　　　──なぜ2004年に制限を維持しなかったのか？ ……………………… 80
　3　「移民」の政治問題化
　　　　──移民は UKIP の台頭に影響したか？ …………………………… 83
　4　対 EU 政策との関係
　　　　──2010年政権交代の影響は？ ……………………………………… 87
　5　政党間競争のなかの EU 域内移民 ……………………………………… 88

v

第7章　ドイツ ………………………………… 森井　裕一　91
——人の移動と社会変容
1　難民と労働力 …………………………………………… 91
2　基本法第16条と難民庇護原則 ………………………… 92
3　移民の社会統合と共生をめぐる議論 ………………… 94
4　EU の中のドイツ ……………………………………… 97
5　2015年の難民の急増とドイツ政治 …………………… 99
6　人の移動をめぐる規範と労働市場の展望 …………… 102

第8章　フランス ………………………………… 坂井　一成　105
—— EU と地中海の狭間で揺れる移民政策
1　移民社会フランス ……………………………………… 105
2　移民社会の形成と移民政策の変容 …………………… 106
3　国民戦線をめぐるフランス政治と移民 ……………… 109
4　移民政策と EU ………………………………………… 112
5　地中海と EU との狭間に揺れるフランス …………… 115

第9章　スウェーデン …………………………… 清水　謙　118
——移民／難民をめぐる政治外交史
1　第二次世界大戦下のスウェーデンと難民 …………… 118
2　戦後の外国人労働者と移民政策 ……………………… 119
3　揺らぐ寛容な移民受け入れ政策 ……………………… 122
4　スウェーデンにおける「移民の安全保障化」 ……… 124
5　スウェーデン民主党の躍進と
　　福祉国家における移民問題 …………………………… 125
6　セグリゲーションとこれからの課題 ………………… 127

目　　次

第10章　リトアニア・ラトヴィア ………………………… 中井　　遼　132

　　　　──東欧の E(Im)migration 問題の極端例として

　　1　2014年欧州議会選挙と東欧の状況 …………………………… 132

　　2　東欧における人の移動の実態 ………………………………… 133

　　3　リトアニアの状況 ……………………………………………… 136

　　4　ラトヴィアの状況 ……………………………………………… 138

　　5　全体の考察と含意 ……………………………………………… 140

第3部
人の国際移動に関するグローバル秩序と地域形成

第11章　人の移動，グローバリゼーション，国家

　…………………………… ジェームズ・F. ホリフィールド（佐藤俊輔訳）　147

　　1　イントロダクション …………………………………………… 147

　　2　人の移動とグローバリゼーション …………………………… 150

　　3　新たなグローバリゼーションの時代における

　　　　人の移動の管理 ………………………………………………… 153

　　4　出現しつつある「移住国家」………………………………… 158

第12章　人の移動に関わる EU 法の普遍化可能性 ……… 中村　民雄　166

　　1　はじめに ………………………………………………………… 166

　　2　人の国際移動への法の関わり── EU と EU 各国 …………… 166

　　3　人の国際移動と EU 法 ………………………………………… 170

　　4　むすび── EU 法の普遍化可能性 …………………………… 179

あとがき

執筆者紹介

vii

序　章

人の国際移動と EU
——ハイ・ポリティクス化，統合への挑戦，グローバル・イシューとの接点

岡部みどり

1　もうひとつの欧州統合

　今日，EU（欧州連合）は危機に瀕している。それは，ヨーロッパの安定と連帯の危機である。ギリシャをはじめとする加盟国各国の財政危機は，欧州通貨統合が持続的かどうかという課題を EU に突きつけている。また，欧州懐疑論者たち（Eurosceptics）は，今日の EU が，果たして本当に広義の安全保障共同体としてのあるべき姿なのかを問うている。

　ヨーロッパに押し寄せる難民申請者や，EU 域内で既に生活している外国人の存在も，今では EU の安定と連帯を揺るがす脅威である。2015年10月に欧州議会が行った世論調査からは，失業問題に続いて出入国管理問題が EU 市民の主要な懸念事項であることが示された[1]。その後パリやロンドンでテロ事件が立て続けに起こったことで，市民の関心はさらに高まっているであろうことが容易に予想できる。

　しかし，このことをもってして，難民やその他の外国人自体が出入国管理にとっての問題であると結論づけるのは拙速に過ぎる。現代のリベラル民主国家である欧州諸国が国内の外国人を排斥したり国外に追放したりすることは，政治的にも，実務的にも不可能だからである。特に政治的な面に言及するならば，たしかに市民の間で難民を含む外国人に対する忌避的な感情（ゼノフォビア）が生まれていることは否定できない。しかし，その反面，一部の極端な思想の持ち主を除いて，多くの市民は外国人の追放を望んでいるのではなく，本国民

I

とのバランスの取れた共生を望んでいる。つまり，市民の要望はより優れた出入国管理制度に向けられている。そして，脅威の感情はむしろ，外国人の出入国管理を効果的に行うことができないという，行政上の問題に対して抱かれていると考えることができるのである。

　既存の出入国管理では今日の人の国際移動にかかわる問題を解決することができない，という認識は，実のところ，かなり前から出入国管理に携わる機関の間で共有されていた。ヨーロッパでは，それは，域内の開放空間であって域外に対しては閉鎖空間であるところのシェンゲン圏（Schengen Area）の創設時（1985年）においてであった。しかしながら，このような問題意識は出入国管理当局者の間でしか共有されず，とりわけ外交にかかわる局面においては，この問題には関心が払われていなかった。むしろ，国境の開放という楽観的な理念のみが注目された。そして，それに伴って生じうる犯罪や不法入国／滞在などの問題，即ちヨーロッパ規模でのグローバリゼーションの負の側面を，加盟国政府はあくまで実務的な問題と位置づけ，外交上の努力を必要とする問題とは捉えなかったのである[2]。

　実際，人の国際移動については，その象徴的な側面，つまり域内自由移動の実現にこそ加盟国政府の注目が集まったものの，それを安定的に担保するための出入国管理の共通化に至るまでには数年を要した。1993年マーストリヒト条約によって政治連合であるEUが誕生したときも，華々しく誕生した共通外交・安全保障協力分野に比べて，出入国管理の政府間協力は非常に控えめな，目立たないものであった（Stone Sweet *et al.* 2001：214-215）。

　ところが，1999年にアムステルダム条約が発効し，出入国管理分野がEUの「共同体政策（Community Policy）」として扱われるようになると，難民や移民，長期滞在外国人の受け入れや処遇は，加盟国各国の問題ではなくもはやEU全体の問題であるとみなされるようになっていく。この認識は，加盟国やEUの政治エリートだけでなく，EU市民一般に広く共有されたものであった。この背景に，1970年代以降の外国人労働者の家族呼び寄せや難民資格申請者の急増により，欧州における外国人問題が顕在化したという事情があったことは言うまでもない。しかし，問題は流入者数よりもむしろ，出入国管理に関する政策

序　章　人の国際移動と EU

の立案や成立が EU 機関の手に委ねられることになり，各国が独自の裁量で行うことがますます困難になるという状況にあった。シェンゲン協定が1990年に同実施条約に改訂され，域内国境での検問の廃止という，いわば国境の事実上の開放が徐々に実施されるようになっていったことも，この問題をより複雑化した。

　実際のところ，シェンゲン圏は「壁のヨーロッパ」としてというよりも「笊のヨーロッパ」としての意味合いの方がはるかに大きい（Bigo 2005）。なぜなら，「笊のヨーロッパ」の出現，つまり，出入国管理が制御不能になるという状態が極めて深刻な問題を生むことになったからである。さらなる欧州統合の進展が望まれることとなり，一方では欧州統合推進派によって支持された。しかし，これは，例えば経済分野の欧州統合のように，ある程度まで理論的に基礎づけられた，また，加盟国間のハイ・ポリティカルな協議を重ねたうえでの統合の進展ではなかった。いったん検問手続きを廃止してしまった以上，人の自由移動に伴って生じる負の効果であるところの密輸問題や人身売買，組織犯罪，不法入国（滞在）などの撲滅に向けた加盟国間協力が不可欠となった。このことは，当初から予想されてはいたが，あくまで出入国管理に携わる専門家だけの努力で対処できるものとみなされていた。そして，人の越境移動は，本質的には，安全保障，投資や貿易などの経済問題，法的な側面を含む国民形成などと密接に関連する問題であるにもかかわらず，そのような包括的な視点に基づく協議体をみることはなかった[3]。多くの会合は司法内務関係者の間だけで開催され，外相会合や欧州理事会での議題となることは最近までなかった。そのようなハイ・ポリティカルな協議を経ずに，また，加盟国のマスメディアによる注目を集めることなしに，出入国管理分野の共同体化は進められてきたのである。

2　負の統合への反発か？——加盟国国内政治への影響

　その後，皮肉にも，このことが加盟国の国内政治において移民や難民の問題に焦点が当たるきっかけとなった。極右政党——フランスでは国民戦線（FN），

オランダでは自由党（PVV），イギリスでは独立党（UKIP），スウェーデンでは民主党（SD），デンマークでは国民党（DF）——が，いわゆる「反移民」と「反EU」を公約に掲げ，選挙民の支持率を拡大させている。2000年代初頭から2016年現在に至るまでこの顕著な傾向は続いている。

　戦略上のものか実質的な意味を含むものかはさておき，これらの極右政党は，外国人問題とEU加盟の問題とを関連づけて主張している点で特徴的である。外国人問題の特徴は加盟国によって異なるものの，多くの主張に共通して垣間見えるのは，出入国管理分野の政治的権限をEUから加盟国に戻せば，難民や移民の問題が解決しうるという示唆である。[4] 特に懸念するべきことは，このような短絡的な主張が，極右政党だけでなく政権政党や政府からも見られるようになってきているということである。2014年，イギリスのキャメロン首相は欧州委員会に対して人の自由移動に制限をかけるべきだと提案したが，欧州委員会側は，この提案をEUからのイギリスの脱退と関連付けられたパッケージであると捉えたうえで，拒絶した。[5] また，ハンガリーやルーマニア，その他の東欧諸国においては，EU脱退への強い意志は持ち合わせていないものの，むしろEUの中でのより優位な立場を期待して，出入国管理の厳格化や難民への厳しい対処の必要性をうったえた。また，これを正当化する理由として，EU加盟国の中で他国に比べて負担が大きい点を指摘するようになった。[6] これらの動向からは，EUの脆弱性を利用して，移民問題の解決を図ろうとする加盟国の意図がうかがえる。同時に，これは，移民問題が欧州統合プロセスを経て，加盟国の国内政治における政局を揺るがすほどの重大な争点となっていることを意味する。もちろん，欧州へ押し寄せる難民申請者の問題は近年ますます注目されている。2015年4月に起こったリビア沖での難民船沈没事故，同年深刻化した英仏国境間の難民申請者問題，同年爆発的に増えたシリアからの難民申請者，そして，シリア難民が関係していると疑われている同年11月13日に起こったパリ無差別テロ事件などがEUやその加盟国の政治変化を促すきっかけとなっていることは事実であろう。しかし，EU（加盟国）が抱える出入国管理の問題は，諸々の事件へのアド・ホックな対応の必要性からというよりも，より構造的な問題として認識されるべきである。域内国境を開放してしまった

序　章　人の国際移動と EU

こと，そしてその代わりに域外国境の管理体制を共同で行うための制度的，稼働上の枠組みが徹底されていないことこそが，より本質的な問題なのである。そして，その本質的な問題の解決のために，さらなる統合と加盟国への権限の返上という，方向が真逆の選択肢が併存しているようにみえるのが現在の EU である。そして，このことが問題をさらに複雑化させている。

3　グローバル化との関連——複数の規範形成

　シェンゲン圏は，人の域内移動だけでなく，域外世界と EU とを隔てる境界を備えたものでもある。この境界が持つ意味についての研究は，1990年代後半あたりから次第に本格的に行われるようになってきた。ここでは，EU が域外世界との交流を深めていく中で，出入国管理に関する新たな規範を対内／対外的に提示しようとする動向が観察できる。

　第一に，それは，EU が非国家でありながら国家としての機能を域外世界に認めさせるという傾向である。それは，ある意味では「人の国際移動をまるで国内移動であるかのように扱うという思想と法技術を発展させ」る（本書第12章179頁）というものである。この背景には，人の自由移動政策やシェンゲン圏の創設によって，実態として EU が米国に近い社会を形成しつつあるという観察がある（本書第11章162頁）。

　第二に，EU が掲げる規範への同意が EU へのメンバーシップを正当化する，という傾向も挙げられる。例えば，シェンゲン規範の遵守は1993年に定められたコペンハーゲン基準によって新規加盟国に義務付けられている。この基準の設定後に加盟した東欧諸国には，イギリスのような「適用除外（オプト＝アウト）」の権限が与えられていない。このことによって，東欧諸国では，共同出入国管理の「責任を転嫁された」という不満が加盟当初から生まれることとなった（Lavenex 1998）。

　第三に，EU がけん引役となって，出入国管理に関する既存の国際規範やその枠組みに変化を加えていくという傾向がみられる。EU が打ち出している「マイグレーションとモビリティについてのグローバル・アプローチ（Global

5

Approach to Migration and Mobility：GAMM）」が良い例である。⁷⁾これは，主に不法入国／滞在者の帰還政策（Return Policy）と，EU 域外諸国との政治的・経済的連携を結合させたパッケージ戦略である。つまり，EU 域外国——多くは EU 諸国への移民希望者や難民希望者の出身国——に，EU から帰還してくる人々を受け入れるように説得し，その説得の手段として将来的な自由貿易圏の創設や開発援助などといった経済連携や，紛争解決への支援といった政治協力を申し出るという外交戦略を指す。この発想の根底には，人が国外に移住するおおもとの原因（root-cause）に，途上国における貧困や政治不安などの問題があるという観察がある。しかし，国連などが行っている人の自由移動政策とは異なり，EU の戦略における究極の目的は帰還政策の成功と EU 域内への入国希望者の逓減である。そして，域外諸国と交渉の場を設けることにより，交渉を通じて相対的な利益を獲得しようとする EU の思惑がうかがえる。もっとも，このことが即ち強制的で一方的な EU 規範の域外波及なのか，という問いに対する答えは未知数である。なぜなら，この戦略は途上国支援という側面を度外視するものではない。それに，実効性の尺度からは，専ら理念に基づく支援に比べて，途上国の変化——経済・社会インフラの整備であれ，平和構築であれ——を実際に促す可能性が高いものであると捉えることができる。つまり，EU 規範の域外波及は，交渉相手国側の利益の獲得を伴った，互恵的なプロセスを通じて行われる可能性も否定できないのである。

4　本書の目的と構成

　以上の問題関心の下に，本書は三部から構成されている。まず，第 1 部「EU における人の国際移動——移動のパターン，移動者への権利付与，移動の規制の様相」では，EU が今日備えている人の移動空間の特性を浮き彫りにする。第 1 章「すべてはシェンゲン圏からはじまった—— EU 出入国管理政策の変遷」（岡部みどり）は，域内においては自由移動を確保し域外に対しては加盟国共同の出入国管理を要請するという特徴を持つシェンゲン圏が創設されたことが，EU 独自の出入国管理の形成につながった点を強調する。そして，EU が

抱える諸々の問題は，まさにその制度枠組みの脆弱性が露呈したものであると論じる。

第2章「EUにおける国際労働力移動——高度人材活用策の戦略と実態」（安藤研一）は，EUの労働移動政策の戦略性に焦点を当てる。つまり，EUが推し進める自由移動政策は，「生産力改善のために熟練労働の効率的活用を図るもの」（37頁）である。ここでは，同政策が，いわゆる「プッシュ，プル要因」ではなく，移動者の出身国と受け入れ先国との関係，即ち「紐帯要因」に着目した政策であるという実態が観察される。そして，地域間格差，少子高齢化の問題などと並んで，第二世代以降の外国人労働者の資格に見合った雇用が担保されないという「過剰資格」の問題が，高度人材活用というEU戦略の成功を阻む原因となっていることが論じられている。

第3章「EUにおける高度技能者移動の権利——弁護士の自由移動を中心に」（須網隆夫）は，まさに，この高度人材活用というEU戦略上の問題点を，法制度の側面に照らして考察したものである。EUは，弁護士の移動を，医師など他の専門職と同様に，「労働者の移動」ではなく「自営業者の移動」の対象と定めている（41頁）。そして，このような専門職の国際移動は開業の権利とサービス供給の自由の点から保障されるべく，国籍差別の撤廃のみならず，学位や職業資格の相互承認を目的としたEU法の成立を待つことになった。ここでは，その経緯が明らかにされる。

第4章「EUの安全保障政策における域内治安問題との連結」（植田隆子）は，人の国際移動と国家安全保障との接点について論じるものである。ここでは，2000年代初頭以降頻繁に起こるようになったテロ事件と難民（申請者）との関連性が重要視されるようになったため，人の国際移動を出入国管理政策としてだけではなく外交政策として取り扱うことの必要性がいよいよ高まってきた経緯が詳細に記述されている。

第5章「EU移民統合政策の生成と展開——競合する「統合のための権利」と「権利のための統合」」（佐藤俊輔）は，EU域内の第三国出身者統合政策に二つの流れを見る。一つは，欧州委員会が主導した，合法的な長期居住者にEU市民と同様の権利を付与する流れであり，もう一つは，アムステルダム条

約後の同政策の「共同体化」のプロセスの中で欧州委員会の提案に対抗するものとして加盟国に認められた，長期居住者の地位認定や権利の幅，移動の許可を巡る権限を前提として第三国出身者の統合を進めていく流れである。分析を通じ，本章は，同統合政策はリスボン条約後も当分はこの二つの流れの並存状況に甘んじるものであると結論づける。

第 2 部「人の国際移動をめぐる政治―― EU 加盟国における動向」は，EU のいくつかの主要加盟国をケースに，EU 出入国管理が加盟国に与える政治的影響について考察したものである。第 6 章「イギリス――政策の脱政治化と政治問題化のなかの EU 域内移民」（若松邦弘）は，出入国管理政策の脱政治化と，移民問題の政治イシュー化，という二つの切り口から，2004年以降10年余りにわたるイギリス政治の関連政策形成及び執行に与えた影響について論じる。まず，本章は，労働党ブレア政権による2004年の東欧諸国に向けた労働市場の開放は，ポピュリスト的な保守党の政治戦略とは一線を画す，「ニューレーバー」イデオロギーに基づく政策工学的な意図によるものであったと考察する。本章は，また，大量の移民流入によってこの労働党政権による「脱政治化」の試みは奏功しなかったと断じつつ，独立党（UKIP）の台頭などや農村など第一次産業地域での反移民傾向などといった政治的・社会的要因を抱き込みながら，次第に移民問題が政局を占う重要な争点となっていく過程を解き明かしている。

第 7 章「ドイツ――人の移動と社会変容」（森井裕一）は，他の（西欧）加盟国とは少し異なるドイツの事情について論じている。ドイツでは，他国に比べて好況が続き，慢性的な人手不足の状態にある。そのため，ここでは，東欧諸国の EU 加盟の折，これらの国出身の労働者の流入に対してドイツは慎重な対応を配備したものの，実際の流入について特に大きな政治的混乱は起こらなかったと考察している。また，難民の受け入れに関しては，基本法が規定する政治的な庇護と人間の尊厳の原則の遵守と，庇護審査の迅速化と手続きの明確化により難民申請者の増加を予防するというメルケル首相の表明が広く政治的に受け入れられたと評価する。しかし，本章は，ドイツの対 EU 関係について，難民問題の解決のための新しいルール作り（ダブリン規則の改訂等）を呈示するものの周辺の東欧諸国等との不協和音を解消するという外交上の課題がある点

を指摘している。

第 8 章「フランス── EU と地中海の狭間で揺れる移民政策」(坂井一成)によると，フランスで移民問題が政治問題として顕在化したのは2007年のサルコジ政権時であった。この背景には，2002年の大統領選挙で大躍進を遂げた，反移民，極右政党である「国民戦線」の存在があった。サルコジ大統領は，フランス国内における厳格化路線（例えば選抜的移民などの戦略）を，EU の枠組みを利用して EU 領域規模に拡大させようとしたが，リベラリズムに基づいて受け入れ制限を拒む他の加盟国の反対を受け失敗した。このことは，地中海を介して北アフリカに面しているフランスが，モラルと現実との間の苦しい立場に置かれたことを意味している。

第 9 章「スウェーデン──移民／難民をめぐる政治外交史」(清水謙) は，人道的な配慮から寛大な外国人受け入れ政策を志向してきたスウェーデンが，「スウェーデン民主党」などの極右政党の台頭を受け，次第に受け入れの厳格化へと傾倒していく過程を明らかにする。

第10章「リトアニア・ラトヴィア──東欧の E(Im)migration 問題の極端例として」(中井遼) は，両国のケースを分析する中で，比較的人の流入が少ない国（地域）においても，外国人をめぐる政治的問題が発生しうることを指摘する。ここでは，欧州懐疑論と反移民の言説が結びつくとき，そして，その結合された言説が政党間連合などの組織的要因を経て選挙民に受け入れられやすくなったときに，たとえ外国人の数が少なかったとしても外国人忌避や排他主義といった考え方の流布が有効な政治的手段とされる場合があることを論じている。

第 3 部「人の国際移動に関するグローバル秩序と地域形成」では，EU 内部における人の国際移動に関する諸々の規範が，EU 域外にも適用される規範であるかどうかという点を検討する。

第11章「人の移動，グローバリゼーション，国家」(ジェームズ・F.ホリフィールド著，佐藤俊輔訳) は，今日の EU 規範がより広範囲におけるグローバリゼーションの結果として生まれてきた点を強調する。戦後のリベラルな国際秩序の下で財や資本と同様に人の国際移動が解禁されたが（経済的開放），リベラルな

価値観は同時に社会契約によって国民の財産や生命を，ときには対外的脅威から守る必要がある（政治的封鎖）。本章は，この「自由主義の逆説（リベラル・パラドックス）」こそが，現在のEU出入国管理を困難たらしめている原因であり，解決の道は，リベラル国家間の公平な責任分担を可能とする国際レジームの創設にあると提唱する。しかし，同時に，そのような国際レジームの建設は，現実世界においては非常に困難であることも指摘している。

第12章「人の移動に関わるEU法の普遍化可能性」（中村民雄）は，EU法が人の国際移動を規制するEU諸国の法に与える影響についての考察を通じてその普遍性について吟味する。本章は，まず，EU域内外の移動についてのEU法は実際のところ加盟国の国内法に強く拘束されており，普遍性からは遠いものであると結論づけている。これに対して，EU域外の移動規定に関しては，とりわけ「法の作り方や運用の仕方」においてEUの独自性ひいてはグローバルな次元での普遍性につながる性質が見い出せると論じる。

以上のように，本書は，そのディシプリン（法学，経済学，政治学，国際関係論）と，扱う領域（グローバル空間，EU，イギリス，フランス，ドイツ，スウェーデン，リトアニア，ラトヴィア）との双方においてバラエティに富んだものとなっている。人の国際移動は，実態として多様な側面を兼ね備えた現象である。そのことを，率直に反映させることが本書の狙いである。既存の研究の中には，移動する人にのみ焦点を当て，移動者が直面する困難を受け入れ国家の国家権力の問題に起因するものと無批判に主張するものが多い。これに対して，本書は，受け入れ国家が一枚岩ではない，ということを示すものである。つまり，難民や移民（外国人）を受け入れるときに起こる問題が，国家の法制度，経済，政治，社会の観点からどのように描き出せるか，という問題に真摯に向き合うことこそが，本書の目的である。

この意味で，本書は，人の国際移動をその基礎から問い直すという試みであるともいえる。執筆者の方々には初学者に向けた論考をお願いしたが，その趣意には，文字通りはじめてこの問題に関心を持つ読者の好奇心を満たすというだけでなく，既に人の国際移動という（研究）テーマに携わっている多くの読者にも，このテーマの本質，その多様な側面についていま一度思いを寄せてい

ただくことへの期待も含まれている。

注

1 ） DG for Communication, Public Opinion Monitoring Unit, "Parlemeter 2015 — Part I. The main challenges for the EU, migration, and the economic and social situation, ANALYTICAL OVERVIEW", Brussels, 14 October 2015, EU document.

2 ） 詳しくは本書第1章を参照されたい。

3 ） 人の移動の安全保障，経済，法制度との関連については，本書第1部の各章を参照されたい。

4 ） 加盟国特有の外国人問題について，詳しくは，本書第2部の各章を参照されたい。

5 ） World Socialist Website, "UK Tories intensify anti-EU, anti-immigrant rhetoric," 24 October 2014.（https://www.wsws.org/en/articles/2014/10/24/tory-o24-o24.html 最終閲覧2015年12月13日）

6 ） 例えば，"Refugee crisis: EU divided as Hungary attacks migrant quota as 'unrealisable and nonsense'," *The Telegraph*, 23 September 2015.（http://www.telegraph.co.uk/news/worldnews/europe/hungary/11884665/Refugee-crisis-EU-divided-as-Hungary-attacks-migrant-quota-as-unrealisable-and-nonsense.html 最終閲覧2015年12月13日）

7 ） 2011年 GAMM 戦略は欧州委員会による提起（コミュニケーション文書）の形を取っており，文書そのものに法的拘束力はない。しかし，これは，2005年の欧州理事会での承認を受けた「マイグレーションについてのグローバル・アプローチ（Global Approach to Migration）」を改訂した文書であり，同時に，閣僚理事会に属する（より厳密には外相理事会の直下に編成されている）「難民・移民に関するハイレベル作業グループ（High Level Working Group on Asylum and Immigration: HLWG）」に実施権限が委任されている。さらに，HLWG は既にこの戦略に基づくプログラムを稼働させている。

参考文献

Bigo, D. and Guild, E. eds.（2005）*Controlling Frontiers: Free Movement Into and Within Europe,* Aldershot: Ashgate.

Stone Sweet, A., Sandholtz, W. and Fligstein, N. eds.（2001）*The Institutionalization of Europe,* Oxford: Oxford University Press.

Lavenex, S.（1998）"Passing the Buck: European Union Refugee Policies towards Central and Eastern Europe," *Journal of Refugee Studies*, vol. 11, no. 2, pp. 126-145.

第 1 部

EU における人の国際移動
——移動のパターン，移動者への権利付与，
移動の規制の様相

第1章

すべてはシェンゲン圏からはじまった
—— EU 出入国管理政策の変遷

岡部みどり

1 はじめに——欧州統合におけるシェンゲン圏の位置づけ

　本章は，出入国管理に関係する諸々の政策領域における欧州統合の経緯を概観し，その意義について考察するものである。欧州統合という地域統合プロジェクトにおいて，出入国管理の加盟国間協調（共通化）は決して主な目的ではなく，あくまで安全保障及び経済分野の統合を補完するために必要とされてきた。その一方で，現在の EU における出入国管理の共通化は，その当初から欧州統合の「実験」であると意識されていたように，他の地域統合に比べて極めて野心的なプロセスでもある（Callovi 1992：360）。なぜなら，EU は，ヒト・モノ・カネ・サービスの越境移動を円滑化させるために加盟国間に隣接する国境での検問を撤廃するという，これまでにあまり例のない地域統合の形態を選択したからである（岡部 2013：45-53）。

　1985年にシェンゲン協定の下で誕生した「シェンゲン圏（Schengen Area）」は，その意味においてきわめて重要な空間である。シェンゲン協定は，1990年に「シェンゲン実施条約」と改訂されたが，その主目的は，1987年に改訂された EEC 条約（「単一欧州議定書」）8A 条の規定に呼応する形での「域内国境での検問廃止と人の自由移動の促進（シェンゲン実施条約第2条）」であった。この下に，「域外国境管理の強化（同第3条〜8条）」，「査証（同第9条〜18条）」，「第三国出身者の短期自由移動（同第19条〜24条）」，「滞在許可（同第25条）」，「庇護手続きに関する法調整（同第28条〜38条）」，「治安維持に向けた警察・検察協力（同

15

第1部　EUにおける人の国際移動

第38～91条）」、「シェンゲン情報システム（Schengen Information System：SIS）の創設（同第92～119条）」などが定められた。域内における検問がない、つまり、人の移動に際して物理的な移動障壁が存在しないという状況が実現に至った背景には、「市民に開かれたヨーロッパというメッセージを政権与党寄りの世論形成手段として用いた西ドイツ、事実上ほぼ『内地』となることで出入国管理行政コストの軽減を期待したフランス、そして、当時は移民や難民に関する問題が比較的少なく、むしろ国境の開放を市場拡大による経済的な利益の観点から算段したベネルクス三国の選好が重なり合」うという1980年代前半に特有のヨーロッパ国際関係があった（岡部 2013：60）。なお、このとき、経済統合を推し進めるために検問の廃止までする必要はないという見解を鮮明にしていたイギリスは、アイルランドとともにシェンゲン条約に批准せず、同条約がEU法規となっている2016年現在においても、一部「適用除外（オプト＝アウト）」の立場を取っている。[2]

　シェンゲン圏は、加盟国間外交、また加盟国の対EC外交の結果として捉えることができる。事実、ドイツやフランスでは条約締結に向けて動いていたのは官邸であった（岡部 2013）。そして、域内の自由な人の移動がヨーロッパ市民にもたらすであろう象徴的な意義について盛んに喧伝された一方で、特に治安面での問題との調整を要する側面については事前に十分な検討がなされていたわけではなかった。もちろん、出入国管理への悪影響を懸念する向きはあった。しかし、そうした懸念を払拭するかのような勢いでシェンゲン協定が締結されたというのが実情であった。即ち、シェンゲン圏の創設は、リベラルな理念に特徴づけられた、ある種向こう見ずな理想主義の産物であったといえるのである。

2　出入国管理政策のEU化に至る道程

　しかし、ここで追求されたリベラリズムはあくまでも「加盟国主導」であり、欧州統合を推し進めようとするEU（当時EC）機関の意向を十分に反映するものではなかった。欧州統合の超国家的進展を追求していた欧州委員会は、当時

EC 加盟国の国籍を持たずに滞在していた人々（通称「第三国出身者」）——例えば，ドイツに住んでいたトルコ人労働者やその家族など——を含む，域内のあらゆる居住者に同等の自由移動権を与える方針であった。これにとどまらず，欧州委員会は，労働・雇用環境の整備，言語や職業教育，住居支援その他社会保障面まで視野に入れた，第三国出身者の社会統合の領域においてもリーダーシップを発揮しようとしていた（岡部 2013：50-53）。このような欧州委員会の動向に反して，EC 加盟国は，隣接国境の開放（検問手続きの撤廃）と域外国境における共通の出入国管理についての加盟国間の合意を表すものとしてシェンゲン圏を創設した。言い換えれば，当時の加盟国（官邸）は，検問手続きの撤廃によって生じるであろう人の越境移動の問題に対処するための準備体制を共同で行う必要性を，主たる欧州統合の目標として定めていなかった。むしろ，加盟国はこの問題を総じて欧州統合の課題とすることに前向きではなかった。加盟国は，出入国管理をぎりぎりまで排他的主権の範疇にとどめておきたいと考えていたのである[3]。

　シェンゲン圏は，たしかに当時 EC が全体で取り組んでいた「人の自由移動（Free Movement of People：FMP）」プロジェクトの補完措置ではあった。FMP は，欧州統合初期よりその公式な目標の一つであり，1987年単一欧州議定書の8A 条にも明記された。しかし，ここで定められた権利は当時 EC 加盟国の国籍を保有している人に限られ，当時900万人近くいるといわれた第三国出身者の権利は，きわめて制限的なものにとどまった（Heaton 1992：652）。さらに，FMP についての規定には第三国からの人の往来についての出入国管理は含まれないものとされた（Heaton 1992：654）。

　つまり，単一欧州議定書，シェンゲン実施条約のいずれも，当時 EC 加盟国の国籍を持たない第三国出身者，いわゆる移民や難民の社会統合について定めることはなかったのである。この方針は，1993年マーストリヒト条約の発効により政治連合体としての欧州連合（EU）が誕生し，また，1999年アムステルダム条約の付属議定書にシェンゲン実施条約が編成され EU 法規となった後においても変わることがなかった。2016年現在においては，第三国出身者に与えられる権利は少しずつ EU 加盟国民に近づいている。しかしながら，EU が総

第 1 部　EU における人の国際移動

体的に所掌している政策領域は狭義の出入国管理のみであり，その他の移民の
社会統合を含む政策については，加盟国は未だ主権を固持しようとする傾向に
ある。[4]

3　EU 共通出入国管理体制の成立

　出入国管理に関する EU の政策は，このように，シェンゲン圏を基礎に編成
されてきた。マーストリヒト条約によって政治連合となった EU の目標は，欧
州統合を，欧州委員会など EU 機関，即ち「共同体」主導の統治方式の充実と
いう手続きから進めるということと，とりあえず EU の内部に編成されはした
ものの，実態は緩い政府間協力の形にとどまっている分野（外交・安全保障や司
法内務協力など）を如何にして共同体主導方式へと移行させていくか，という
ことになった。

　人の越境移動に関わる政策のうち，国境警備をはじめとする出入国管理に関
する警察・司法協力，査証（ビザ），滞在許可，データ管理などの共通化が進
むこととなった。ここで，シェンゲン加盟国ではないイギリスが力を発揮した。
イギリスは，テロリズムや過激派の違法な活動を国家間の協力により取り締ま
るための国際的な警察協力の非公式な枠組みとして，1976年に「トレヴィ・グ
ループ（Trevi Group）」を発足させていた。また，1988年，EC の中に「出入国
管理に関するアド・ホックグループ（後に「コーディネイターズ・グループ」「K 4
条委員会」「36条委員会」等へと発展）を成立させた。このほか，同様の目的で結
成された他のさまざまな国際協力体制（ベルン・グループ，ウィーン・グループ，
クアンティコ，対テロ警察作業グループ等）も，漸次的にシェンゲン・グループの
中に編成されていった。

　そして，1989年に通称「パルマ文書」と呼ばれる欧州理事会決議が提出され
たことにより，公式な欧州統合の文脈で初めて，EU 加盟国の国籍を持つ人々
の域内自由移動に関わる FMP 政策と同様に，（狭義の）出入国管理が共同体主
導の共通政策として実施されることとなった（Bunyan and Webber 1995：4；
Callovi 1992：361）。また，難民を認定する，あるいは資格を与えるための庇護

18

政策（asylum policy）も共同体主導の政策として位置づけられた。

　このうち，庇護政策が共通化した経緯は特筆に値する。庇護政策とは，本来，各国の外交に関係するものである。難民とは，そもそも，政治信条や宗教の違いなどを原因として本国の統治者から迫害を受けた人々が他国に庇護を申請している，いわゆる「政治亡命」の状態にある人々を指す（庇護の歴史的背景について，岡部 2005）。また，一般に，庇護権は個人の権利ではなく，国家の権利である[5]。即ち，庇護権は申請する個人が当然に持つ権利ではなく，国家が個人に対して与えることのできる権利である。そして，国家の権利として庇護権を考えた場合，それが行使されるのは，迫害を行っている国に対するパワー（影響力）の誇示である場合，他国の機密情報を入手するための手段である場合，国連など国際社会の要請を受けた場合，あるいは，国際社会における自国の評判を高める意図を持つ場合などであることが多い。したがって，難民を受け入れるということは単なる倫理的な行為ではなく，より本質的には，難民の出身国との間の関係も含めた国際関係についての考慮が絡んでくる（難民受け入れと外交との関連については，例えば Weiner 1995 等）。

　EU における共通化は，庇護政策についてのこの原則を根底から覆した。加盟国は，どこの国の，どの紛争を契機とした難民を受け入れるか，という点について独自に判断することが難しくなり，難民を受け入れることで難民の出身国の行為を非難するという（加盟国の）外交政策は意味をなさなくなった。そして，米ソ間の二極対立構造が崩壊した冷戦後は，国際秩序の変化に伴い，難民を受け入れるにあたって各国はこのような従来の外交戦略よりも，国際社会による自国への評価をより重要視するようになった。

　これに呼応して，同時期，国連難民高等弁務官事務所（UNHCR）は難民をその他の越境移動者（例えば移民など）と区別しつつも，1951年の難民の地位に関する条約（通称「ジュネーブ条約」）に規定された条件を満たす難民，いわゆる「条約難民」に限らず，紛争や迫害等のために故郷を追われた人々を保護する必要性を強く唱えはじめていた。そして，庇護政策は，もはや受け入れ国による難民の出身国体制批判とは直結せず，次第に，グローバルなレベルでの問題解決手段として国際社会に認識されるようになっていく。

第1部　EUにおける人の国際移動

　この一連の国際環境の変化も，EU加盟国の難民受け入れのあり方に影響を
与えた。なによりも，加盟国によって異なる外交上の利害関係が反映されにく
くなった。このことは，EU共通の外交政策を前提としなくても共通難民政策
を立案できるようになったことを意味する。また，国連を中心とする国際機関
が，難民受け入れを先進国が果たすべき国際社会の責務とうったえたのに呼応
するように，EU加盟国は，難民問題が直接国益の得失につながらないという
姿勢を鮮明に示すようになった。この背景に，庇護を希望する人々が「条約難
民」に限られなくなってきているという事情があることは前述のとおりであ
る。しかしながら，他国の政治体制批判という意味における庇護政策の共通化
という道筋がしりぞけられ，あくまでも出入国管理政策の中に庇護政策が編成
されたのは，ひとえにシェンゲン圏があったからこそであった。つまり，自由
移動圏であるシェンゲン圏に属する国に庇護申請をしたが結局難民認定されな
かった人々や，当該国に庇護申請中の人々が，不法滞在の形でシェンゲン圏に
とどまる事態が危惧され，それを防止（予防）するための政策として共通庇護
政策が立案されるようになったのである。まさに，シェンゲン圏の成立を契機
としてEU庇護政策が不法滞在対策と表裏一体のものとなったということがで
きるだろう。

4　評　　価

　ここまで，EUの共通出入国管理体制がシェンゲン圏を基礎として確立する
に至る過程をつまびらかにした。2009年リスボン条約発効後は，人の越境移動
や移住に関わるほぼすべての政策，即ち，(1)庇護（難民）政策，(2)域外国境に
おける出入国管理，(3)不法移民対策，(4)EU加盟国籍を持つ人の自由移動政策，
(5)第三国出身者等EU域外国出身者の統合政策，(6)国際的規模での刑事・民事
協力についての政策がEUの共通政策として立案されることとなった。しか
し，これはEUが加盟国に代わって出入国管理についての主権を完全に取得し
たことを意味するわけではない。まず，共通化が比較的進んでいる政策領域と，
遅れている政策領域がある。例えば，EU域内に長期に滞在している第三国出

20

身者の社会統合についてのEU共通政策は未だ初期の段階にある。2003年に成立した「第三国出身長期滞在者の地位についての指令」は，それまで長い間なおざりにされてきた第三国出身者の域内移動の自由について，EU加盟国民とほぼ同様の権利を行使できることを定めたものである[6]。しかし，この指令においては，域内自由移動の権利を行使できる第三国出身者は，年収や健康保険制度への加入状況などについての一定の条件を満たした者に限られる（同指令第5条）。また，当該個人に公共の安全と秩序を乱す行為がみられた場合には，加盟国は自由移動や長期滞在の権利を拒否することができる（同指令第6条）。つまり，場合によってはEUから加盟国の管轄へ戻されることもあるわけである。そういう意味で，この政策は，統合が進みはじめた領域であるというだけでなく，統合の逆行を許す領域でもあるといえる。

　他方で，比較的統合が進んでいるとされる共通庇護政策（Common Asylum Policy）の分野においても，EUが加盟国から完全に主権を移譲されているというわけではない。共通庇護政策体系は1999年アムステルダム条約を受けた同年のタンペレ欧州理事会において提唱され，その後，ハーグ・プログラム（2005年），ストックホルムプログラム（2010年）を経て確立したが，それは具体的には，共通庇護政策の主たる方針と原則を定めたものであった。そして，ここで共通化の対象となったのは実質的には「ミニマム・スタンダード」であった。つまり，共通政策の範疇であっても，EU法として定められているのは加盟国が最低限守るべきルールのみであり，それ以外については加盟国の判断に委ねられることとなった。このことは同体系の成立以来ずっとEU内で問題視されていた[7]。この懸念を受けて，近年成立した指令，例えば「（難民）資格指令」（2004年），「庇護手続き指令」（2005年），「（難民）受け入れ条件についての指令」（2013年）などは，それぞれ，ジュネーブ難民条約とは別の枠組みで国際的な保護を必要とする人々の受け入れ，庇護申請に関する具体的な手続き（法的アクセス方法等），難民受け入れ施設や医療面での補助体制の充実などについて，EU共通の基準を設けることを定めている。また，EUは，ユーロダック（Eurodac）と呼ばれるデータベースを共有し，欧州難民基金（European Refugee Funds）を通じて難民受け入れの負担の均衡化を図るなど，技術面でも共通化を支える

システムを作り上げてきた。

　しかし，このような制度化をもってしても，実際の受け入れ状況は未だに加盟国によって異なるようである。庇護政策分野のいわゆる「欧州化（Europeanization）」には限界があるという，トシュコフとデ・ハーンによる分析がこれを示している（Toshkov & de Haan 2012）。この分析によれば，難民の認定率そのものについては加盟国間で収斂がみられるものの，どこの国からの難民を受け入れるか，という視点を向けてみると，特定の国からの難民申請認定の状況は加盟国間でばらつきがある。このことは，難民申請の審査や認定に関してかなりの部分で欧州統合が進んでいるものの，難民資格希望者の出身国を選ぶという点においては，未だに加盟国には独自の裁量の余地があり，また，加盟国はその選好を持っているということを意味している。前述のとおり冷戦後の世界のグローバル化や欧州統合の進展という動きにもかかわらず，加盟国が出入国管理をこのように国家主権の死活的な要素として捉えていることは，驚くべき事実である。しかも，このことがグローバル化や欧州統合を後戻りさせる力の源泉になりうるという点も，追記しておくべきであろう。

　このように，加盟国次元からEU次元へ主権が完全に移行している状態ではないものの，制度面での一定の充実（つまり欧州化）が図られている状況を，いったいどのように評価できるだろうか。多くの論考は，これを出入国管理の厳格化であると捉える。とりわけ，難民の受け入れや移民（第三国出身者）の社会統合などの政策が国境警備や不法移民対策などと同様に「司法内務（Justice and Home Affairs）」の行政枠組みの中に編成されている状況を指して，人の移動（マイグレーション）政策の「セキュリティ化（securitization）」とする批判がある（Huysmans 2006等）。また，司法内務官僚（加盟国の法務，内務，警察省役人や欧州委員会の司法内務総局職員，閣僚理事会の司法内務担当事務局職員など）による専門的で技術的な会合の積み重ねが，結果として外国人の受け入れに制限的なEU出入国管理を特徴づけたという指摘もある（Zaiotti 2011）。さらには，加盟国間のばらつきを抑えるために，受け入れにより寛大な国がより制限的な国に合わせる形で欧州化が進んだという見方もある（庄司 2007等）。いずれも，たしかにEUの次元における共通出入国管理政策の多くが外国人の往来や移入

に対する治安政策であることを説明している。しかしながら，これらの論考は，第三国出身者の社会統合についてのEU政策が比較的少ないことや，EU共通政策の多くが前述のとおり「ミニマム・スタンダード」の設定であることの理由については十分言及していない。つまり，これらの政策を加盟国の主権の範囲で行う可能性があることを評価せずに，EU政策を厳格であると結論づけている。

　この点に関してより説得力のあるのはギロドンによる「ヴェニュー・ショッピング（venue shopping）」という議論だろう（Guiraudon 2000）。ギロドンは，EU共通出入国管理を，加盟国がEUを利用した迂回戦略の結果であると論じる。即ち，加盟国は，EUを，国家が説明責任を負わずに問題解決を図るのに最適な場所（venue）として利用したということである。EU法体系の下では，規則や指令といった法律は加盟国の国内法への転化が必須となる。法制化にあたって国民の世論に多大な影響が及ぼされると予想される政策課題を，直接国内の立法過程に持ち込ませずにEU法の立法過程に送り出すことによって，国内での議論の焦点を「EU法の国内法への取り込み」へとずらすことが可能になる。そうすることで，当の政策課題の内容そのものを国内で議論せずに国内法を成立させることができるようになる，というのが，彼女の主張である。

　この議論は，とりわけダブリン規則（2016年現在では「ダブリンⅡ」）を説明する際に有効である。元々は1990年に通称ダブリン条約として成立し，2003年にEU法規となったこの規則は，庇護申請の際の審査責任国を定めるものである。ダブリン規則においては，庇護申請者は，最初に入国した国が，いわゆる『安全な国（safe country）』あるいは法律で定めるところの『安全な第三国（safe third country）』であった場合，その国へのみ，庇護申請をすることができる。つまり，『安全な国』や『安全な第三国』を経由した個人は，別の国への申請や，複数の国への申請をすることができない。この原則が生まれた背景には，域内自由移動空間であるシェンゲン圏において，庇護申請者がEUのどの国からも受け入れられずたらい回しにされたり，EU内に是が非でも移住したいと願う人々が，EUの複数の国へしばしば同時に庇護申請を行ったりするという状況があった。加盟国がとりわけ危惧していたのは，庇護申請者が申請期間を利用

第1部　EUにおける人の国際移動

してシェンゲン圏のどこかの国に潜伏してしまうという事態であった。しかしながら，この規則は，UNHCR等からはノン・ルフルマン原則に抵触する可能性があるものとして懸念されていた。また，もしEU法化というプロセスを経ずに，加盟国が—例えば二国間条約を結ぶ形で—単独でこの原則を実行しようとしたならば，当の加盟国国内の司法判断によってその実行がかなわない場合も想定された。したがって，EUの次元に迂回することで，加盟国は受け入れ負担の軽減を図るだけでなく，法制化に向けた時間的コストも最小限に抑えることができたと考えられる。もっとも，加盟国によるこのような迂回戦略が通用したのはごく短期間であり，とりわけリスボン条約を経てEUの次元での政策形成が容易になった今日においてはもはや機能しないとする分析もある（Kaunert & Léonard, 2012）。

5　EU出入国管理の将来
——さらなる統合か，グローバル・ガヴァナンスへの転嫁か？

　順行なのか逆行なのかはさておき，今日もなおダイナミックに進展している欧州統合において，出入国管理の政策領域においては，技術的な変更が加盟国各国の政治の中枢に与える影響の大きさに，当の加盟国が気づき始めているのが実情であるといえるだろう。一方では，欧州統合のさらなる進展を促すようなEU次元での水平的組織編制が待望されている。今まで治安政策一辺倒であったEUレベルにおける法制化の傾向を改め，長期滞在外国人の社会保障や雇用政策などを含めた統合政策の充実を図ることが問題解決につながるという考え方である。他方で，南欧，東欧諸国からダブリン規則の限界が指摘され，また，2015年のシリア難民受け入れをめぐって加盟国間での受け入れ負担の分担（EU用語では「リロケーション」）が行われるなど，対外的脅威を共有するための一体性が失われてきているという現実がある。

　今後加盟国が出入国管理分野のさらなる統合を求めるのか，それともほかの選択肢を探すのかは未知数である。EUは現在，国連など国際機関との提携に基づくグローバル・ガヴァナンスの枠組みに頼っているようにも見える。しか

し，現在のところ，これは成功していない。だからといって従前のとおり自前の出入国管理を復活させるにはコストがかかる。加盟国にとっての最適な選択肢は何らかの多国間協力枠組み以外にはありえない。しかし，適切な枠組みをどうやって探すか，ということが，現在の EU が抱える大きな問題となっているのである。

注
1） シェンゲン条約は EC の枠外で成立した。このため，締結当時は一般国際法として取り扱われた。1999年の欧州連合条約改訂（通称「アムステルダム条約」）の際，同付属議定書に編成され，以後「シェンゲン・アキ（*Schengen acquis*）」と呼ばれる EU 法の一部となった。
2） 2016年現在，シェンゲン圏は，イギリスとアイルランドを除く26の EU 加盟国に加えて，リヒテンシュタイン，スイス，ノルウェー，アイスランドが参加する巨大な自由移動空間となっている。
3） この傾向は2016年 1 月現在に至るまで続いている。
4） 詳しくは，本書第 5 章を参照されたい。
5） 例外として，ドイツは基本法において個人に対する庇護権を原則として認めている。
6） COUNCIL DIRECTIVE 2003/109/EC of 25 November 2003 concerning the status of third-country nationals who are long-term residents, EU document.
7） 例えば，2008年の「出入国管理及び庇護についての欧州条約（European Pact on Immigration and Asylum）」において，難民の受け入れ基準が加盟国によって異なることに対する欧州理事会の懸念が表明されている。cf. "European Pact on Immigration and Asylum," Council of the European Union (document no. 13189/08 ASIM 68), Brussels, 24 September 2008, EU document.

参考文献
Guiraudon, V. (2000) "European Integration and Migration Policy: Vertical Policy-making as Venue Shopping," *Journal of Common Market Studies*, vol. 38, no. 2, pp. 251-271.
Huysmans, J. (2006) *The Politics of Insecurity-Fear, migration and asylum in the EU*, London: Routledge.
Kaunert, C. & S. Léonard (2012) "The development of the EU asylum policy: venue-shopping in perspective," *Journal of European Public Policy*, vol. 19, no. 9, pp. 1396-1413.
Toshkov, D. & L. de Haan (2013) "The Europeanization of asylum policy: an assessment of the EU impact on asylum applications and recognitions rates," *Journal of*

European Public Policy, vol. 20, no. 5, pp. 661-683.

Weiner, M.（1995）*The Global Migration Crisis: Challenge to States and to Human Rights*, NY: HarperCollins College Publishers.

Zaiotti, R.（2011）*Cultures of Border Control: Schengen & the Evolution of European Frontiers*, Chicago: The University of Chicago Press.

岡部みどり（2005）「国境の国際共同管理と移民――政治学的移民研究アプローチと「移民危機」の克服」『国際関係論研究（東京大学国際関係論研究会編）』24号，59-79頁。

―――（2013）「シェンゲン規範の誕生――国境開放をめぐるヨーロッパの国際関係」『上智法学論集』57巻1‐2（合併）号，41-62頁。

庄司克宏（2007）「難民庇護政策における『規制間競争』とEUの基準設定」『慶應法学』7号，661-655頁。

第 2 章

EU における国際労働力移動
── 高度人材活用策の戦略と実態

安藤　研一

1　はじめに──問題の所在

　国民国家の平和的な統合を目指す欧州連合（European Union, EU）は，政治学や法学と並んで，経済学にとっても大きな挑戦を迫るものである。経済学者は，国境内では財，サービス，資本，そして，労働力が自由に移動しうる一方で，国境によってそれらが大きく制約されることを前提に理論構築，現状分析を進めてきた。しかし，同時に，商品や生産要素が国境を超えて取引され，移動する現実についても十分認識してきた。それ故，後者には「貿易」，「直接投資」，「外国人労働者」などといった特別のタームが割り当てられ，それらに固有な問題の分析が行なわれてきたのである。そのような立場からするならば，四つの自由移動を遂行している EU は，非常に興味深い研究対象となる。本章では，EU における国際労働力移動に焦点を当てながら，以下の論点について分析，検討していく。即ち，EU による労働力移動の自由化政策はどのようなものであるのか？（2節），そうした労働力移動策の意図，背景は如何なるものなのか？（3節），EU における実際の労働力移動の実態，特徴は如何なるものなのか？（4節），そして，労働力移動の実態に照らして，EU の政策はどのように評価されるのか？（5節），といったことを論じたうえで，全体を総括する（6節）。

2　EUによる労働力の自由移動に関する政策

　本節では，まずEUによる労働力の自由移動に関する諸政策の展開を概観していく[1]。そもそもEUはその出発点であるローマ条約（1957年調印）において，既に労働者が自由に域内を移動することを認めていた（EEC条約48条）。1980年代半ば以降のEU統合の再活性化を促した単一欧州市場（Single European Market, SEM）計画によって，さらにヒトの自由移動の具体化が押し進められ，その象徴的な成果として，パスポートの統一や出入国管理におけるEU市民とそれ以外の区別などがあげられる。更に，資格の相互承認についても提起され，欧州司法裁判所による判例の積み重ねの中でその進展が確認されている（中村・須網 2010：第Ⅲ部）。同時に，一部のEU加盟国（イギリス，アイルランド）を含まず，EU非加盟国（スイス，ノルウェー，アイスランド，モナコ）を含むシェンゲン協定（1985年5ヶ国で調印，2015年現在26ヶ国が締結）は，欧州市民に国境の希薄化を実感させるものとなっている。

　上述のような成果にもかかわらず，21世紀に入ってもEUにおけるヒトの自由移動の不十分さが指摘されている。そして，EUの持続的発展のためのリスボン戦略の一環として，労働力の可動性を高めることが目指されるようになってきた。そうした状況を背景に，2004年には統一的な技能，資格書類であるEuropassの導入が決定され，2011年の単一市場協定（Single Market Act, 〔SMA〕，European Commission 2011）においても，ヒトの自由移動に関する具体的改善策が提案されている。例えば，失業保険や年金といった社会保障，社会福祉関連の権利について国境をまたいだ移転を可能にするポータビリティー（portability）の進展を求めている。更に，ITの発展に即して，雇用者，被雇用者双方にEU域内での雇用機会情報を提供するWebサービス，"EURES"といったインフラ整備も進められている[2]。

　更にもう一点重要なことは，EU加盟国の拡大，特に21世紀に入っての東方拡大である。確かに，2004年，2007年のEU東方拡大は，新規加盟国に対してすぐさまヒトの自由移動を認めたわけでなく，一定期間その適用を免除される

旧加盟国が一部にあった。2004年加盟国に対して自由化を認めた国としてはイギリス，アイルランド，スウェーデンがあるが，その他の国は条件付きの移行期間を設定した。2007年加盟のブルガリア，ルーマニアに対しては2013年末までの過渡期間が設けられた。更に，このような新旧加盟国間移動のみならず，新規加盟国間においても自由化の制限が一部残された。それでも，EU 拡大がヒトの自由移動が適用される領域の拡大を意味している事は否定しえない。

　最後に，域内のヒトの自由移動と並んで域外国境の管理についても確認しておこう。すでに指摘したように，シェンゲン協定の適用範囲は EU と重複はするが一致していないことから，一部の非 EU 加盟国（スイス，ノルウェーなど）に対しては域内と同等レベルの自由化が認められている。しかし，基本的には加盟各国が域外第三国からの労働力移動を管理することになっているのが実情である。貿易や直接投資の対外的側面は共通通商政策によって EU の専管事項となっているのに対して，ヒトの移動に関する対外的側面の統合は大きく立ち遅れているのである。

3　労働力移動策の意図と背景

　先に整理した EU の施策が経済的に目指すもの，その根拠についてみていくことにしよう。労働力移動の自由化は，EU 大でより効率的な労働市場の構築を目指すものであり，供給面での効率的な資源配分を通じた生産の拡大を企図するものである。そのための具体的諸方策は，個々の労働者の直接的利害に関わる賃金や雇用機会に対して作用するものではなく，労働市場における情報コスト，マッチング・コストを引き下げることを通じて移動を促そうとするものである。また，資格の相互承認などに代表されるように，単純労働よりは高度技能労働が主たるターゲットとして考えられている。その意味で，単なる商品移動のアナロジーというよりは，より戦略的に熟練労働の活用を企図しているのである。

　上記のような政策意図は，欧州委員長のアドバイザーも務めたチンマーマンによる以下のモデルによって基礎づけられる（Zimmermann 2004, 2009）。生産

29

第 1 部　EU における人の国際移動

活動は，土地，資本，労働力という三大生産要素の投入によって行われるが，土地の投入量を所与とし，当面は技術進歩を無視すれば，資本と労働力の投入量の増加によって増大させられる。ここで，労働力投入において熟練労働（high-skilled）と未熟練労働（low-skilled）を想定し，この二者と資本の組み合わせによって生産が決定されるが，そのうちの何れかの生産要素が不十分な場合，それがボトルネックとなって生産が限定される。この基本モデルを EU における労働市場統合の文脈で考慮すれば，熟練労働力不足，域内におけるその不効率な配分は，EU 全体の潜在生産力の実現を阻んでいるということになる。この時，労働力がより自由に移動する条件が整えられ，不効率な資源配分状況が是正されれば，EU の潜在力が現実的に発揮されることになる。

　労働力移動の制約を取り除くことは，上記のような生産力上昇が期待される最適配分のための必要条件であっても，必ずしも十分条件ではない。そこで，労働力が国境を越えて移動することを促す諸要因について，さらに考えることが必要である。多くの文献は，送出し国と受入国における社会経済的諸条件，例えば，失業率，賃金，雇用機会，経済成長などを主要因として挙げているが，送出し国のそれらはプッシュ要因，受入国のものはプル要因とも呼ばれる。そして，これらのプッシュ，プル要因にはマクロ的側面と個々の労働者個人の側面がある。例えば，ある国における全般的な高失業率は，当然プッシュ要因を形成しうるだろうが，退職間近のものの失業状態と若年層での失業状態では，その意義は違ってこよう。また，高賃金職種での労働需要は，それに見合う質の労働力にとってのみプル要因となりうるだけである。更に，受入国の単純労働が，送出し国の大卒賃金を上回る場合，プッシュ要因，もしくは，プル要因が独立して労働力移動を引き起こすというよりは，両者相互の関係が重要になってくる。

　加えて，従来あまり明示的に取り上げられてこなかった紐帯要因とも呼びうるプッシュ要因とプル要因を結び付ける要因の重要性が指摘されねばならない。例えば，賃金格差がプッシュ・プル要因を構成するとしても，低賃金国の中のどの送出し国から高賃金のどの受入国に労働力が向かうのか，十分に確定しえないからである。言語的，文化的，地理的近接性に加えて，歴史的な関係性や

第 2 章　EU における国際労働力移動

既に一定の移民の流れやコミュニティがあること，入国就労ビザなどにおける
優遇措置のような制度的な問題，そして，雇用就労条件に関する情報といった
ものから貿易や直接投資関係までの多様な要素がこの紐帯要因を構成する要素
となろう。[4]

　一般に考えられるプッシュ，プル要因に加えて，紐帯要因の重要性を指摘す
ることは，EU の労働力移動策を考える上で非常に重要である。一方で，EU
が地域政策などを通じて域内の地域間経済格差の縮小を図っていることは，
プッシュ要因の軽減を意味し，労働移動の促進とは矛盾することになるが，そ
のことは特に単純労働の移動の抑制につながる。他方，潜在的な移動志向性を
有する労働者にとってのコスト低下，例えば，移動に伴う社会保障上の不利益
を緩和し，雇用就労条件などの情報入手コストを軽減するといった，紐帯要因
に働きかける政策アプローチは，熟練労働の移動にとっては適切なものであろ
う。これらの諸方策によって労働力の可動性を高めようとしていることは，同
時に，EU における労働市場統合策の特徴を示すものである。[5]

　単なる商品市場のアナロジーとしての労働力移動自由化から，より戦略的に
高度人材活用を EU が図るようになった背景には，供給面における客観的な二
つの要因がある。一つは，欧州社会における少子高齢化の伸展であり，もう一
方は急速な技術進歩である。これら二つの要因は，労働力移動に即してという
よりは，1980年代以降欧州経済が構造的に抱え込んでいる問題である。そのた
め，その解決策として1985年に SEM が提起され，2000年にリスボン戦略が掲
げられ，2011年には SMA が示されてきたのである。

　EU における少子高齢化についてみれば，既にいくつかの加盟国において自
国民の絶対的減少が始まっている。例えば，EU で最大の人口を抱えるドイツ
では，ピークの2005年から絶対数で80万人近くの人口が減少し，イタリアでは
2007年のピークから20万人以上の自国民が減ってきている。確かに，一部は移
民などによって補填されてきているが，これらの自国民の減少は労働力の稀少
性がさらに進むことを予想させる。EU がより効率的に労働力資源の利用を目
指す背景には，このような人口動学的条件がある。

　同時に，急速な技術進歩の伸展も重要な要因である。即ち，1970年代末から

31

第1部　EUにおける人の国際移動

始まるエレクトロニクス革命，1990年代以降の情報通信技術の飛躍的向上，2000年代のネットワーク化の進展は，EU経済にも大きなインパクトを与えてきたが，EU産業は必ずしもそうした変化に順応出来てきたわけでない。1980年代以来欧州経済における課題の一つとして，高度技術分野の立ち遅れが言われてきているが，2000年代に入っても状況の改善は十分とは言い難い。その原因や対処策は，例えば，リスボン戦略やそのフォローアップレポートなどで包括的に示されているが，高度技能労働者の域内自由移動もそうした方策の一環をなすものと位置づけられている。

　労働力移動策の戦略的活用の背景には，EUの東方拡大があることも指摘されねばならない。2004年，2007年の拡大は，労働力移動策がカバーする地理的領域と活用可能な労働力資源の拡大を意味するだけではない。それ以前の拡大に比較して，格段に域内経済格差と多様性が広がるものであり，プッシュ・プル要因が強化されることを意味している。単純労働者の移動が，西欧における賃金引下げ圧力となりうることが懸念されると同時に，社会主義時代からの教育水準の高さが，熟練労働の供給源としても期待されるのである。それ故，EUの東方拡大自体が労働力移動策を設計，実施するうえで無視できない意味を持つことは疑いえないところである。

4　EUにおける労働力移動の実態

　前節までで確認したような戦略的意図をもってEUが域内の労働力移動の自由化を進めているのに対して，労働力移動の実態は如何なるものだろうか？本節では，Eurostatをもとにそうした課題に答えていくが，統計上の制約のため，外国市民権保有者を外国人（労働者）として，統計を整理していく[6]。

　Eurostatによれば，2014年時点でEUにおける外国市民権を有する総人口は，3390万人（内，15〜64歳の労働力人口は2640万人）であり，対総人口比6.7%（同，7.8%）と推計している（図表1）。一見するとこの数字は大きなものに見えるかもしれない。しかし，これはある種のストックであり，2013年からは30万人減少している。それでも，2014年の数字は，2005年の2460万人から増加傾

図表1　EU における外国市民権保有者とそのうちの EU 市民権保有者数の推移

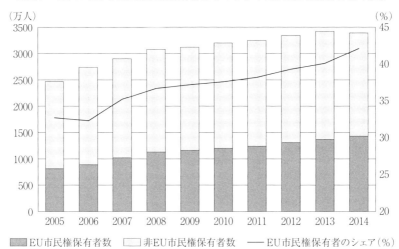

出典：Eurostat データベースより著者作成

向にあり，過去10年間で930万人増えたことになる。更に，外国市民権保有者全体における EU 域内出身者の比率は2005年からの10年間に増加傾向を示している。確かに，2014年時点での外国市民権保有人口に占める EU 出身者数は1430万人であり，全体におけるその比率は未だ42.1％に過ぎない。しかし，これはデータの得られる2005年の810万人，32.7％から着実に増加してきている事の結果でもある。この数字は，すべての年齢層を含むため，労働力として他の EU 加盟国に移動しているもの以外，例えば，家族や学生を含んではいるが，それでも顕著な増加傾向を示していると言えよう。

　EU 全体の状況と並んで，加盟国における状況も確認しておこう（図表2）。EU 各国における2014年の15歳から64歳の労働力人口に占める外国市民権保有者の割合，そのうち他の EU 加盟国市民権を有するものの比率を見てみよう。各加盟国における外国市民権保有者比率は，ポーランドの0.3％，ルーマニアの0.5％からルクセンブルクの48.9％，キプロスの21.8％まで多岐に渡っている。また，外国市民権保有人口に占める他の EU 市民権保有者の比率も，上はルクセンブルクの86.2％，スロバキアの76.3％からラトビアの2.4％，エスト

第1部　EUにおける人の国際移動

図表2　EU加盟国における外国市民権保有者のシェアとそのうちEU市民権保有者のシェア(2014年)

	全外国市民権保有者	内,EU市民権保有者		全外国市民権保有者	内,EU市民権保有者		全外国市民権保有者	内,EU市民権保有者
ベルギー	13.0%	64.1%	クロアチア	0.8%	27.2%	ポーランド	0.3%	24.9%
ブルガリア	0.9%	21.2%	イタリア	9.8%	30.8%	ポルトガル	4.9%	23.1%
チェコ共和国	5.3%	40.8%	キプロス	21.8%	66.9%	ルーマニア	0.5%	27.6%
デンマーク	8.9%	41.9%	ラトビア	14.8%	2.4%	スロヴェニア	5.8%	16.6%
ドイツ	10.7%	44.4%	リトアニア	0.8%	18.2%	スロバキア	1.3%	76.3%
エストニア	15.9%	4.3%	ルクセンブルク	48.9%	86.2%	フィンランド	4.8%	40.6%
アイルランド	14.6%	68.2%	ハンガリー	1.7%	56.7%	スウェーデン	8.5%	41.0%
ギリシャ	9.1%	23.8%	マルタ	6.7%	49.1%	イギリス	9.5%	50.5%
スペイン	11.8%	41.9%	オランダ	5.5%	54.8%			
フランス	6.9%	33.6%	オーストリア	14.4%	49.3%	EU-28	7.9%	42.1%

出典：Eurostat データベースより著者作成

ニアの4.3%まで大きな幅がある。EUがヒトの自由移動を進めてはいても，そのことは必ずしもすべての加盟国に同じような影響を及ぼしているわけではなく，地理的，歴史的背景などが大きく関係していることが予想される。

　労働力移動がプッシュ・プル要因に規定されるとするなら，労賃水準が大きく異なる東西欧州（新旧加盟国）間での流れを確認することが必要である。確かに，Eurostat のデータでは，フランスやイギリス，ポーランドなどは受入外国人の出身国を明示していないが，旧加盟国におけるEU市民権保有者は新規加盟国出身者と旧加盟国からのそれも，どちらも560万人ほどとほぼ半々である。また，新規加盟国にも，数は少ないながらも外国市民権保有者が在住しており，特に，他の新加盟国からは24万人と，旧加盟国からの12万人のほぼ倍に達している。その意味で，EU域内では東から西への人の移動が見てとれるのである。

　労働力移動の実態は，その量的側面と同時に，質的側面からの確認も重要である。2008年時点の外国出身者の状況について行われた Eurostat の二つの調査（Eurostat 2011a：2011b）は，外国人労働者に関して多くのことを示している

第 2 章　EU における国際労働力移動

図表 3　外国人労働者の状況（2008年，%）

	全国民			外国出身者			EU 加盟国出身者		
	全体	男性	女性	全体	男性	女性	全体	男性	女性
失業率	9	8	9	14	14	13	10	10	10
雇用率	69	76	62	65	73	57	70	77	63
過剰資格率	21	20	22	33	30	36	28	25	31
貧困リスク率	22	21	24	31	30	32	23	23	24

出典：Eurostat（2011a）より著者作成

が，ここでは以下の三点を指摘しておこう。まず第一に，外国人労働者は全般的に厳しい雇用状況にある（図表3）。例えば，失業率はEU全体では9％であるのに対して，外国出身者のそれは14％，さらに，後者のうちEU出身者が10％であるのに対し，EU域外出身者では16％に上っている。第二に，外国人労働者のより深刻な問題として，過剰資格（over-qualification）問題があげられる。ある労働者が現在就業している職種において必要とされるよりも高い資格や学歴を有している場合，それは過剰資格とみなされる。EU全体においてもそうした問題があり，過剰資格者比率は21％にのぼる。しかし，外国人の場合は33％，EU出身者でも28％にまで達している。このような深刻な状況は，経済生活上では当然ながら所得水準の低さ，貧困に陥るリスクの高さに結びついている。

　第三に確認できることは，外国人労働者が直面する厳しい状況も，改善の可能性を含んでいることである。Eurostat（2011b）による世代間比較調査（図表4）は，移民第一世代，両親のいずれかが外国出身者（第二世代I型），または，両親ともに外国出身者（第二世代II型）の3つのグループに分け，各々の状況と受入国籍労働者を比較している。それによれば，受入国籍労働者と第一世代との間には，一般的に大きな差異が確認されうる。唯一の例外的傾向は，高等教育経験者比率の高さであるが，このことは外国人労働者における過剰資格問題につながる要因でもある。しかしながら，第二世代の状況はおしなべて第一世代よりも改善している。特に第二世代のなかで両親のいずれかのみが外国出

第1部　EUにおける人の国際移動

図表4　外国人労働者の状況，世代間比較（2008，％）

	自国民			第二世代Ⅰ型			第二世代Ⅱ型			第一世代		
	全体	男性	女性	全体	男性	女性	全体	男性	女性	全体	男性	女性
学校中退率	14	16	11	14	17	10	17	20	15	26	29	23
高等教育比率	26	25	28	33	32	35	28	26	30	25	24	25
初等教育比率	24	24	24	20	20	20	23	23	23	35	34	36
失業率	5	5	6	6	6	6	9	9	8	10	10	11
雇用率	81	88	74	82	86	77	78	84	72	72	83	62

出典：Eurostat（2011b）より著者作成

身である場合には，受入国籍労働者の水準を上回っていることが確認されている。

5　労働力移動の評価

　高度技能労働をEU大で効率的に配分するというEUの戦略的な政策意図から，上述のようなEUにおける域内労働力移動について評価していこう。

　まず，EU域内における労働力移動の相対的低水準が指摘されうる。確かに，絶対数で見れば，最新の2014年の他のEU加盟国市民権保有者数は1430万人であるが，それは2013年からわずか60万人程度の増加，総人口の0.1％に過ぎない。やや古い数字ではあるが，アメリカの州際間労働力移動が毎年2％前後であることに比べれば決して大きなものとは言えない（IZA *et al.* 2008）。しかも，この数字は外国市民権保有人口全体の4割程度である。確かに，過去10年間にこのEU域内比率が増加傾向にあることから，その政策効果が不十分ながらも表れているのかもしれない。問題は，加盟国ごとのEU域内出身者比率における大きな相違である。それは，EUとしての政策の不十分さ，特に，第三国向け政策の不統一と密接に関連するものであろうが，この面での十分な研究は進んでいない。

　熟練労働の戦略的活用とそのために紐帯要因に働きかけるという事の評価は，難しいものがある。というのも，失業率，雇用率面でEU域内出身者が全

体状況に近い事から，情報コスト面での改善を通じて労働移動を促すという政策効果が確認できる。しかしながら，過剰資格比率の高さは，その政策効果が未だ不十分なことを示唆している。何故なら，過剰資格者比率の高さは，熟練労働者が受入国において彼／彼女の資格，技能に見合う職を得られていない，不効率にしか活用されていないことを意味するからである。他方，送出し国の立場からするならば，このことは不効率な頭脳流出を意味する。加えて，過剰資格や相対的な低水準雇用状況の解決には，一世代という長期の時間が必要であり，さらに第二世代の両親の状況に左右されるという調整問題を含んでいる。しかし，こうした問題の解決策は十分に提起されていないどころか，2011年以後その調査すらEUでは行われていないようである。

　最後に，しかし，決して小さくない問題として，域内労働力移動が長期的に深刻な問題も内包していることを指摘しておこう。即ち，少子高齢化問題への影響である。少子化が労働力移動策推進の一つの契機ではあっても，同時に，労働力移動そのものが送出し国における人口減少要因となりうるからである。EUによる2060年までの人口動態推計によれば，旧加盟国ではドイツを除く全ての国において人口のピークは2035年以降に迎えることになる。それに対して，キプロス以外の新規加盟国は，遅くとも2025年までに人口のピークを迎える。ブルガリア，ルーマニアなどは，既に2010年段階で人口のピークを迎えている。移民の年齢構成が比較的若い傾向であることを勘案すれば，労働力の送出し国において少子化を加速させることが懸念される。

6　む　す　び

　本章では，EUの労働力移動策の内容，意図，背景を見たうえで，外国人労働者の実態を量的，質的に確認した。EUの政策における戦略的な性格や一定の成果とともに，その課題もまた明らかとなった。即ち，EUの自由移動策は，生産力改善のために熟練労働の効率的活用を図るものであり，プッシュ・プル要因よりは紐帯要因に働きかけるものであった。未だEU加盟国間での人の移動の水準は低いものの，一定の成果も見て取れる。更に，過剰資格問題に代表

第1部　EUにおける人の国際移動

される効率的な高度人材活用が未だ不十分であることから，EUの戦略的政策対応の難しさが指摘された。

　最後に，EUにおける労働力移動の現段階と課題に照らして幾つかの政策提言を行うことで，本章を結ぶことにしよう。プッシュ・プル要因は，換言すれば，域内地域間経済格差の存在を意味し，EUがその問題の改善を1980年代以来追求してきていることからするなら，労働力移動を戦略的に活用するためには，紐帯要因の改善策に注力することが求められる。社会保障のポータビリティ改善策は重要な一歩であろうし，EURESによる雇用・就労情報のより詳細な提供は，過剰資格問題の軽減にもつながるであろう。他方，外国人労働者の域内比率の相違や東欧諸国における少子化の加速化からは，EUとしての対第三国向け労働移動策の統合が求められる。同時に，若年労働力を送出することによって人口の絶対減に向かいつつある東欧への支援策も求められよう。以上の提言はより具体的な方策によって追及されねばならず，今後の推移を見守らねばならないが，最後に強調しておきたいことは，EUが直面する課題は，既存の障害を取り除き，市場の自由化のみを求めれば済む，という性格のものではないということである。

注
1）　労働力移動に関するEUの諸方策の概略に関しては，岡村（2001），田中（2011），中村・須網（2010）などを参考にした。また，EUのホームページは，関連諸政策の最新の情報を与えてくれる。
2）　EURES（英語版）のホームページアドレスは，以下の通りである。https://ec.europa.eu/eures/public/en/homepage
3）　簡潔な文献サーベイとしては，Zimmermann（2004），Holland, *et al.*（2011），European Commission（2008）などを参照。
4）　本田（2011）は，EUにおける直接投資が同じ方向での労働移動ももたらす事を示し，労働移動と資本移動の代替性という教科書的な見解に一石を投じている。
5）　域内労働力移動の活性化を直接意図したものではないが，域内の大学生の相互交流を図る「エラスムス・プログラム」や「ボローニャ・プロセス」もまた，EU域内における紐帯要因改善の一助となるものであろう。
6）　特に断らない限り，本稿でのデータはEurostatのデータベースから著者が収集，整理したものである。なお，Eurostatのデータベースのアドレスは，以下の通りである。

http://epp.eurostat.ec.europa.eu/portal/page/portal/statistics/search_database

参考文献

European Commission (2011) Communication from the Commission to the European Parliament, The Economic and Social Committee and the Committee of the Regions, Single Market Act, Twelve levers to boost growth and strengthen confidence "Working together to create new growth," *COM (2011) 206 final*, Brussels: European Commission.

Eurostat (2011a) *Indicators of Immigrant Integration, A Pilot Study, 2011 edition*, Luxembourg: Publications Office of the European Union.

───── (2011b) *Migrants in Europe, A statistical portrait of the first and second generation*, Luxembourg: Publications Office of the European Union.

Holland, Dawn *et al.* (2011) *Labour mobility within the EU, The impact of enlargement and the functioning of the transitional arrangements, Final Report*, London: National Institute of Economic and Social Research.

Institute for the Study of Labour (IZA) *et al.* (2008) *Geographic mobility in the European Union: Optimising its economic and social benefits, Final Report*, European Commission, DG Employment, Social Affairs and Equal Opportunities.

Zimmermann, Klaus F. (2004) "European labour mobility: Challenges and potentials," *IZA Discussion Paper No. 1410*, Bonn: Institute for the Study of Labour.

───── (2009) "Labour mobility and the integration of European labour markets," *IZA Discussion Paper No. 3999*, Bonn: Institute for the Study of Labour.

岡村堯 (2001)『ヨーロッパ法』三省堂。

田中素香 (2011)「EU 経済と構造的不均衡」田中素香・長部重康・久保広正・岩田健治『現代ヨーロッパ経済　第3版』有斐閣，第8章。

中村民雄・須網隆夫 (2010)『EU 法基本判例集　第2版』日本評論社。

本田雅子 (2011)「EU における国外派遣労働者──イギリスで生じた労働争議に関する一考察」『大阪産業大学経済論集』12巻2号，191-209頁。

謝辞

　本章は，平成27年度日本学術振興会科学研究費基盤(A)（課題番号：23243003）並びに平成27年度日本学術振興会科学研究費基盤(C)（課題番号：15K03424）による研究成果の一部である。

第 3 章

EU における高度技能者移動の権利
――弁護士の自由移動を中心に

須網　隆夫

1　はじめに

　高度技能者の国際移動は，様々な当事者に新たな発展の機会を提供する。彼らの国際移動により，国家は国内に不足する人材を補えるし，本人も自己の才能を発揮できる機会を見出し，経済的にも十分な収入を得られる。さて，高度技能者の国際移動の実現には，法制度の整備が不可欠であり，その対象は国境管理の場面に限らず，国内法制度の様々な側面に及ぶ。本章は，法律専門職，特に弁護士の国際移動が実現している EU（欧州連合）の検討を通じて，高度技能者の国際移動に必要な国際制度とそれに対応する国内制度の在り方を解明するとともに，弁護士の移動が有する，国内法制度・国内社会一般にとっての意味を考察しようとする。法律専門職の全面的な国際移動は，日本では，特に困難と考えられている。しかし法律専門職ですら，国際移動が制度的に可能であることは，EU の経験によって証明されている。およそ全ての高度技能者に移動の可能性があるのである。

2　弁護士の国際移動を支える EU の法制度

1　域内市場における人の国際移動

　EU 内において，国境を越える国際移動が保障されているのは人だけではない。EU における弁護士の国際移動は，他の専門職の移動と同様，EU の中心

的な目的である「域内市場（internal market）」創設の文脈で実現した（EU条約
3条3項）。域内市場とは，加盟国ごとに存在していた国内市場を統合した，
EUレベルに成立する単一市場を意味し，そこでは，一国内と同様に，人・商
品・サービス・資本の域内国境を越える自由移動が保障されている。「人の自
由移動」は，さらに「労働者の自由移動」と「自営業者の自由移動」に区分さ
れ，医師・歯科医師・建築士・弁護士等の専門職の他の加盟国への移動は，後
者の対象に含まれている。具体的には，「自営業者の自由移動」は，「開業の権
利（Right of Establishment）」を規定するEU運営条約49条以下によって規律さ
れる。「開業の権利」とは，加盟国国民である自営業者が，経済活動に従事す
る目的で他の加盟国に移動し，そこで固定した施設を設置して開業し，期間の
定めなく，経済活動を現実に遂行する権利を意味し，加盟国が，開業の自由を
制限することは禁止される（EU運営条約49条）[1]。なお，自営業者が，その本拠
地を移さずに，他の加盟国に一時的に移動して，業務を行うことは，「サービ
ス供給の自由」によって保障される（同56条）。このような域内国境を越える，
専門職の国際移動を実現するには，個々の加盟国が付与する専門職資格の扱い
が解決されるべき課題となる。専門職以外の者の国際移動は，他加盟国の国民
と自国民を同等に扱うことによって実現できる。しかし専門職の場合には，国
籍に基づく差別の禁止だけでは国際移動は実現しない。そのため，学位・職業
資格等の相互承認のための指令の制定が，基本条約上も予定されており（同
条），実際にも，複数の専門職につき，各国の資格要件を調和させるための指
令と資格の相互承認のための指令が各採択されてきた。それらの指令は，開業
の権利・サービス供給の自由の双方を実現するものであり[2]，それらの指令に
従った，国内法の整備により，様々な専門職の国際移動が可能になっているの
である。

2 弁護士の国際移動のための法的枠組

(1) **概観**　もっとも弁護士の国際移動は，他の専門職に比べて容易には進
まなかった。これは，弁護士資格が，各加盟国の国内法の間に顕著な相違が存
在する状況の下，資格取得国の国内法の知識を前提に与えられる，国家との結

びつきが強い資格であるために，取得した資格が他の加盟国でそのまま通用するかについて，本質的な疑問が呈せられたからである。しかし，弁護士の「サービス供給の自由」は，1970年代後半に指令により実現する。「開業の権利」についても，1970年代以降，欧州司法裁判所が下す先決裁定により，間接差別を含む「国籍に基づく差別」が排除され，その後1980年代後半からは，指令の制定により，弁護士資格の原則的な相互承認が実現した。その結果，現在では，ある加盟国で弁護士資格を取得した弁護士は，他の加盟国で，資格取得国法だけでなく，移動した受入国法についても業務を行うことができ，資格取得国以外の加盟国で働く弁護士は，既に相当な数に及んでいる。以下には，弁護士の自由移動を実現するために制定された二次立法を歴史的に概観する。

(2)　**サービス供給の自由**　　まず，他の加盟国での法律サービス提供を可能にするために，1977年に「弁護士によるサービス供給の自由の有効な行使の促進に関する指令77／249号（弁護士サービス指令）」が採択された。[3] 同指令は，受入国は，他加盟国で法律業務に従事している者を「弁護士」として認めなければならないという原則を明示し（2条），これにより，指令の対象とされた法律専門職については，域内全域でのサービス提供が可能となった。[4]

(3)　**開業の自由**

ⅰ）　学位指令

開業の自由の実現は，弁護士サービス指令の制定後しばらくは，欧州司法裁判所の判例による，国籍に基づく差別の除去にとどまっていたが，1988年に「3年以上の専門教育及び訓練の終了により与えられる高等教育学位の承認のための一般システムに関する指令（学位指令）」の採択により大きく前進した。[5] 本指令の対象は，弁護士に限らず，「規制される専門職」一般がその対象である。「規制される専門職」とは，業務の遂行が，加盟国法・行政規則等により学位の取得が要件である者であり（1条），弁護士はこれに該当する。

指令の要は，加盟国は，学位を相互に承認するという基本原則である。[6] すなわち，「規制される専門職」に従事するために，学位の取得が要件である場合（ヨーロッパでは，多くの資格は，大学の学位とリンクしている），他加盟国で3年以上の期間の高等教育に基づく学位を取得している限り，受入国は，他の加盟国

国民がその職につくことを拒否できない（3条）。「学位」とは，「公的資格を示す学位・証明書・その他の証拠」と定義されており，弁護士資格はこれに該当する。但し，指令による相互承認は無条件ではない。受入国は，必要と考える場合には，他加盟国での学位取得者に，さらに一定の条件を満たすよう要求できる。具体的には，弁護士の場合，受入国は，3年以内の適合期間（受入国の有資格者の監督下に業務を行う期間）の終了か，適性検査の合格を要求できる。本来どちらを選ぶかは申請者次第であるが，法律専門職の場合は，加盟国が一律に決定するとされており（4条1項(b)），デンマーク以外の各国は，適性検査の実施を選択している。なお，2005年に採択された「専門職資格の相互承認に関する指令2005／36号」により，学位指令は，他の専門職資格に関する指令と統合された。[7]

ii）開業指令

　しかし，学位指令だけでは，弁護士の国際移動の実現に十分ではない。それは，弁護士が資格取得国の肩書を使用し，言わば資格国の弁護士のまま，他加盟国で働こうとする場合は，学位指令の対象ではなかったからである。学位指令に基づく適性検査を受験したのが，比較的若年の資格取得直後の弁護士であったのに対し，資格取得国で一定期間の実務を経験した弁護士には，そのまま，他国で開業したいという要求が強かった。このため1998年に「資格取得国以外の加盟国における弁護士の永続的業務を推進するための指令（開業指令）」が採択された。[8] 指令は，弁護士が，資格取得国の肩書を使用して，他加盟国で開業する権利を認めている（2条）。この場合も，移動した弁護士が受入国で可能な業務は，原則として受入国弁護士と同じであり，弁護士は，資格取得国の肩書を使用しながら，受入国法の業務もできる（5条1項）。[9] 但し，受入国弁護士との混同を避けるため，弁護士は，自らの肩書を資格取得国の公用語で表示しなければならない（4条）。この結果，各加盟国には，異なる資格・肩書を使用する弁護士が併存し，受入国法に関する法律サービスを提供することになる。なお指令は，一定期間経過後，受入国弁護士に統合されることを規定している（10条）。[10]

第 1 部　EU における人の国際移動

3　弁護士の国際移動の現状

　以上のような EU 法によって整備された制度の下，他の加盟国に国際移動して，永続的に法律業務に従事する弁護士は，既に相当数に達している。以下には，主な移動先である複数の加盟国の状況を検討する。なお検討は，EU 加盟国の弁護士会の連合体である，「欧州連合弁護士会協議会（CCBE）」が公表した統計に基づいている。同統計は，前述の開業指令を根拠に移動した弁護士数を明示するのみであり，学位指令を根拠に移動した弁護士数は明らかでない。このため実際には，以下の数字以上の弁護士が移動していると考えられる。

1　ベルギーの状況

　欧州委員会・EU 理事会など主な EU 機関が集中するベルギーは，競争法をはじめとする EU 法実務への需要が大きく，EU 法を専門とする弁護士で，ベルギーに移動する者は少なくない。具体的には，2005年において，ベルギーに登録する弁護士は，1 万4529人であるが，そのうち509人が，資格取得国の肩書で登録した他の加盟国の弁護士であり，加えて，資格取得国の肩書で登録後，ベルギー弁護士に統合された者が 9 名いる。したがって，他加盟国から国際移動した弁護士は合計518人，登録弁護士の3.57％を占める。[11] 開業指令に基づく国際移動は，その後も漸増傾向にあり，2011年末の登録弁護士が 1 万6904人であるところ，移動してきた弁護士は670人（全体の4.0％）に達している。[12]

2　イギリスの状況

　世界的なロンドン金融市場を抱え，金融関係の業務について，他加盟国の弁護士への需要があるだけでなく，大規模ローファームが集中するイギリスへも，多くの弁護士が国際移動している。2006年の事務弁護士（ソリシター）数は15万1043人であるところ，資格取得国の肩書で登録した他加盟国の弁護士は230人，イギリス弁護士に統合された弁護士は71人，[13] 合計301人であり，全体の0.19％に止まっていた。しかし2012年には，事務弁護士15万9524人（2011年 7

月現在）のうち，開業指令10条により，受入国弁護士に統合された事務弁護士数は1363人（0.85％）と報告されており[14]，2006年より急増している。資格取得国の肩書で登録した事務弁護士数は未公表であり確認できないが，やはり著しい増加が推測される。

3　ルクセンブルクの状況

　EU 内で，国際移動した弁護士比率が最も高いのは，ルクセンブルクであろう。ルクセンブルクに，EU 司法裁判所等，ベルギーと並んで EU 機関が集中していること，金融市場が EU 有数の金融市場であること，ルクセンブルク法はベルギー法・フランス法と親近性が高いこと，同国における法学部教育の開始が最近であること等が，その理由と考えられる。その結果，2006年において，ルクセンブルクの登録弁護士1262人のうち，資格取得国の肩書で登録する者は103人，ルクセンブルク弁護士に統合された者は 1 人，合計104人であり[15]，国際移動した弁護士の割合は，全体の8.24％に及んでいた。2012年公表の統計でも，弁護士総数1957名のうち，前者は381名に増加している[16]。後者の情報は未公表であるが，前者だけでも全体の19.5％に達している。

4　全般的な増加傾向

　その他の加盟国でも，2004年の EU 拡大により加盟した中東欧諸国を除くと，国際移動する弁護士数は概ね増加傾向にある。例えば，2006年公表の統計と2012年公表の統計を比較すると，資格取得国の肩書で登録する者は，フランスでは128人から，225名に増加している[17]。ポルトガルでも，資格取得国の肩書で登録した者は，2004年の25名から2005年33名，さらに2006年82名，2012年103名と着実に増加している[18]。イタリアでも，2012年公表の統計は，弁護士数23万3852名であるところ，資格取得国の肩書で登録した者は2002名，イタリア弁護士に統合された者は151名，合計で2153名に達している。

　これらの数字は，絶対数としては，それほど多くないとも評価できるが，国際移動する弁護士は，今後も増加することが予想され，ルクセンブルクのように，他の加盟国での資格取得者が 1 割を超える事態も将来的にあり得ないわけ

第1部　EUにおける人の国際移動

ではなかろう。

4　弁護士の国際移動がもたらす国内制度の変化

1　弁護士の国際移動と変化のダイナミズム

それでは，弁護士の国際移動に関連して，EU 内でどのような現象が生じているのであろうか。弁護士の国際移動が可能となると，移動という新たな事態に対応するために，各国の国内法・国内制度は様々な場面で変化せざるを得なくなる。そして，それらの変化が，弁護士の加盟国間移動の自由という越境的事態に触発されているがゆえに，各加盟国による個別的対応では十分でなく，各加盟国に共通した対応が求められることになる。以下には，幾つかの主要な現象を検討する。これらの検討により，国際移動を促進するために必要な条件が明らかになるだろう。

2　法曹養成・法学教育の改革

(1)　**ボローニャプロセスと法学教育**　　第一は，法曹養成教育の改革である。弁護士資格の相互承認により，弁護士の国際移動は，法曹養成制度の構造・内容に影響せざるを得ず，各加盟国の法曹養成教育に変化が生じている。医療専門職の場合には，移動を認める前提として，医学部教育の内容・教育時間の調和が指令により実施された。[19] 各加盟国の法曹養成制度の構造・期間には大きな相違が存在するが，法律専門職の場合，教育の主対象である国内法の内容が異なるために，教育内容の調和という方法は採用されず，各国の教育内容をそのままにして，前述の学位指令により資格の相互承認が実現した。しかし，そのことは，法曹養成教育に影響が生じなかったことを意味せず，特に法学部教育には変化が生じている。

すなわち，EU では，競争力のある知識社会を目指して，2000年に決定された「リスボン戦略（Lisbon Strategy for Growth and Jobs）」に関連して，高等教育一般の改革が進められてきた。加盟国の教育大臣の共同宣言である，1999年の「ボローニャ宣言」に端を発した改革（「ボローニャプロセス」と呼ばれる）

第3章　EUにおける高度技能者移動の権利

は，2010年までに，相互に単位互換が可能で，学生の大学間移動が促進される
「欧州高等教育領域（European Higher Education Area）」の構築を目指していた。
同宣言は，最低3年間の学部と修士・博士課程に分かれる大学院によって構成
される大学教育制度の採用を提言し，各国で，「学士・修士」の2段階構造へ
の転換が，各学問分野で確実に進行しつつある[21]。法学教育も，その例外ではな
く，むしろ3年以上の高等教育に基づく学位を対象とした「学位指令」・「開業
指令」による弁護士の国際移動は，追加的な修士課程の設定を促した要因であ
ると認識されている[22]。但し，改革への懐疑・抵抗も少なくない。

　⑵　**法学教育改革に対する懐疑・抵抗**　　これまで法学教育は，国家の枠内
で行われ，法学生の移動性は低い。そのため，法学教育には改革が必要である
と認識されている。しかし法学教育における欧州領域の発展は，欧州レベルの
法実務の成長に依拠しており，それが未だ国内法実務に匹敵するまでに至って
いないことが，低い移動性の背景にある。ここに，法学教育と医学教育の違い
があり，一部の国は，ボローニャプロセスになお消極的である[23]。具体的には，
2段階構造が，法曹養成教育に特有の必要性に照応するかにつき慎重な意見は
少なくなく，2008年時では，オーストリア，ブルガリア，クロアチア，チェコ，
ドイツ，ハンガリー，イタリア，ノルウェー，ポーランド，スウェーデンの各
国が2段階構造を採用していなかった[24]。加えて，2段階構造の実施方法も各国
で異なり，法理論教育以外の実務教育（professional training）をどの段階に導入
するか，実務教育と大学教育の関係の整理についても各国の意見は一致せず[25]，
3年で取得できる学士号が専門職資格との関係で意味を持たない国も少なくな
い[26]。

　アイルランドの状況は，改革の困難さを良く示している。アイルランドの改
革は，内容的にはボローニャプロセスと整合しているが，改革の動機は一次的
には国内的理由に基づき，ボローニャプロセスは二次的理由に過ぎないと認識
されている[27]。また新制度は，ボローニャプロセスに従った2段階構造を採用し
ているが，学士号は資格と直結せず，その後の実務教育の基礎としてのみ機能
し，修士課程進学者は増加しているものの，その位置付けははっきりしない[28]。

　⑶　**法学教育の新たな流れ**　　このように検討してくると，法学教育改革と

47

第1部　EU における人の国際移動

弁護士の国際移動との論理的関係の断定には，なお慎重でなければならない。もちろん，両者の関係を示唆する動きも少なくない。例えば，欧州の法学部の過半数が参加する，「欧州法学部協会（European Law Faculties Association）」は，学部から博士課程までの法学教育について継続的に議論し，特に，法学教員の欧州内移動を促進しようとしている[29]。法学生の移動も上昇傾向にあり，多くの大学が実施する合同プログラムはその一因である[30]。なお，直接的な因果関係は薄いものの，国際移動による刺激を受けて，欧州の法学教育の在り方が見直される中で，新たな潮流も生まれつつある。すなわち，多くの大学は，学生の実務技能の養成を目的として，模擬裁判等の教育方法を採用し，また臨床法学教育を導入している。後者は，単なる実務教育ではなく，「理論と実務の乖離を架橋することを目指す」体験的学習方法であり，法学教育の全体的革新を構想している[31]。

3　加盟国法の調和──弁護士倫理

　第二は，加盟国法の調和の進展である。EU は，域内市場の創設のために，加盟国法の調和を予定している（EU 運営条約114条・115条）。調和は，EU 派生法の制定によって進められてきた。しかし，EU の権限外の分野でも，同様に加盟国法の調和の進展が看取される場合がある。弁護士の国際移動との関連では，特に，前述の欧州連合弁護士会協議会（CCBE）の活動が注目される。CCBE は，1960年に設立された，ヨーロッパの弁護士の見解を代表する組織であり，法の支配・人権・民主主義の擁護を目的に，特に司法へのアクセス権と専門職の中核的価値の保障による依頼者保護を重視している。CCBE の活動は，加盟国法を調和する EU 立法案に自己の見解を反映させることが中心であるが，EU の権限外の諸事項についても，最低基準・基本原則・ガイドラインなどを公表し，契約法の調和等[32]，多くの分野で，各国法の内容を接近させる圧力となっている。特に，弁護士の行為規範である「弁護士倫理」は，法の支配の在り方と深く係るところ，CCBE は，1988年にモデル職務規範を制定し，これを定期的に改定している。そして，CCBE のモデル規範は，各加盟国の職務規範に大きな影響を与えている。弁護士倫理の調和の主因は，弁護士の国際移

48

動である。開業指令によれば，第一に，資格取得国の肩書を使用して受入国で
法律業務に従事する弁護士は，資格取得国・受入国双方の職務規範の適用を受
ける（6条1項）。第二に，懲戒手続を担当する資格取得国と受入国の当局は，
相互に情報を交換して協力し（7条2・3項），資格取得国当局は，受入国の決
定を参照して行動を決定するところ（同4項），資格取得国での業務停止は，自
動的に受入国での業務禁止を惹起する（同5項）。その結果，双方の職務規範が
矛盾すると，弁護士・弁護士会は困難に陥る。要するに，開業指令による弁護
士の国際移動によって，職務規範調和への圧力が生じているのである。

4　法律サービスの国際的調和

　そして第三は，法律事務所の国際的合併・買収の進展である。国際移動した
弁護士は，新たな法律事務所の開設とともに，受入国の弁護士とパートナー
シップを形成して法律業務を実施する。換言すれば，弁護士の国際移動により，
異なる国の法律事務所の合併・買収が実質的に可能となったのである。その結
果，弁護士資格の相互承認が認められた1990年代以降，国境を越える法律事務
所の合併・買収がEU内で加速し，具体的には，イギリスの大規模ローファー
ムによる大陸のビジネス・ローファームの買収が進み，企業法務の分野では，
大陸各国で，主要ローファームの多くが，独立した法律事務所ではなく，英米
ローファームの支店となるという現象が顕著になっている。例えば，企業買収
専門ローファームのドイツのランキングを検討すると，上位6事務所のうち，
イギリスのローファームが半分の3事務所を占める。加えてアメリカのロー
ファームも1事務所含まれており，純粋なドイツの事務所は2事務所に過ぎな
い[33]。このような現象は，アングロサクソン的法文化の大陸の弁護士社会への浸
透を意味し，依頼者への法律サービスの質的向上が一面では図られるととも
に，多くの面で，サービス内容も収斂している。

第1部　EUにおける人の国際移動

5　弁護士の国際移動と加盟国の公益との抵触

1　弁護士の国際移動への懸念

　前項で指摘した諸変化は，概ね肯定的に評価できるが，弁護士の国際移動が，受入国の消費者の利益及び適切な司法運営を損なうと懸念されることにも留意する必要がある。EU司法裁判所は，ルクセンブルクが開業指令の無効を求めて提起した訴訟に対し，2000年に判決を下したが，そこでは国際移動と加盟国の公益との抵触が争点となっていた。

2　ルクセンブルク対欧州議会・理事会事件判決[34]

　同訴訟で，ルクセンブルク政府は，複数の理由を挙げて，前述の開業指令の違法性を主張した。主要な争点と，それに対する裁判所の判断を検討する。

　第一に，ルクセンブルクは，指令の平等原則違反を主張した。ルクセンブルク法の実務を行うには，国内法の知識は不可欠であり（判決18段），したがって，異なる者（他加盟国で資格を取得した弁護士）を平等に扱うことは平等原則に反するという趣旨である。これに対し判決は，「資格取得国の肩書を使う移動した弁護士」と「受入国の肩書を使う弁護士」の状況は同等ではないので，平等原則には違反しないと判示して，ルクセンブルクの主張を斥けた（同24段）。第二に，ルクセンブルクは，他加盟国で資格を取得した弁護士に，ルクセンブルク法の実務を認めることは，ルクセンブルク消費者の利益・司法の適正な運営に反すると主張した（同30段）。しかし判決は，「指令の規定は，消費者の保護・適切な司法運営の確保を意図したルールを定めている（同33段）」，「消費者は，肩書から，他加盟国の弁護士が受入国法の訓練を受けていないことを知らされる（同34段）」，「弁護士は，自分が処理できない事件を引き受けてはいけない（同42段）」と各判示して，共同体立法者は，その裁量権の範囲を逸脱していないと結論付けた（同44段）。判決の当否は別として，本訴訟は，弁護士の国際移動と受入加盟国の公益の間との緊張関係の存在を示している。

50

6 最後に——EU における弁護士の国際移動からの示唆

EU における弁護士の国際移動の現状，それに起因して生じる諸現象から，高度人材の移動一般に，どのような示唆が得られるだろうか。本章の最後に，以下の二点を指摘する。

1 他国の専門職資格の承認又は専門職教育の考慮

第一に，高度技能人材には，専門職教育を修了して専門職資格を取得した，各種の専門職が含まれる。それらの資格者の国際移動を促進しようとすれば，資格の処理は避けて通れない課題である。そして，国際移動の促進には，原則として，資格取得国の資格を，受入国の同等の資格として承認することが必要である。また，承認までしなくても，資格取得国で専門職教育を受けた事実と資格保有の事実を，国内資格の取得に際して考慮し，満たすべき要件を軽減すべきであり，その前提として，専門職資格の共通性・普遍性を認識すべきである。EU の実例が示すように，弁護士の場合ですら，各国の弁護士資格は，他の加盟国でも通用する普遍性を有するのであり，細かな法知識は弁護士資格の本質的要素ではないのである。

2 高度技能人材の移動と制度の収斂

第二に，高度技能人材の移動を促進すれば，専門職資格の承認と関連して，国内制度の様々な部分に変化が生じざるを得ない。弁護士の場合，国際移動は，実体法を含む各国の法制度を変化させる。そして，国際移動が双方向的である限り，それは，共通する枠組みの設定を促す。欧州法学部協会が，個々の法学部・法学教育プログラムの評価基準となる，法学教育の最小限度の基準設定に向けて努力し，さらに弁護士の国際移動を前提にして，法曹資格取得に必要な学問・専門職訓練に関する最小限度の基準設定の必要性を指摘していることは，それを示唆している。[35) 専門職の移動には，様々な場面での調和圧力を生み出す効果がある。そして，調和は一般に，基準を切り下げる方向ではなく，高

第1部　EUにおける人の国際移動

い基準に収斂させる方向で行われるであろう。現在高い基準を享受している国民は，その切り下げに反対するだろうからである。

注
1 ）　須網隆夫『ヨーロッパ経済法』（新世社・1997年）212頁。
2 ）　例えば，医師については，1975年に学位の相互承認と学位を有する者のサービス供給の自由・開業の権利に関する理事会指令75／362号（OJ 1975, L 167/1）と医療教育と学位取得の最低基準を定める理事会指令75／363号（OJ 1975, L 167/14）が，それぞれ採択されている（須網・前掲注 1 ）・277頁，284頁）。
3 ）　OJ 1977, L 78/17；OJ 1995, L 1/1；須網隆夫『グローバル社会の法律家論』（現代人文社・2002年）186-191頁。
4 ）　なお，2006年に採択された「サービス指令」（Directive 2006/123/EC of the European Parliament and of the Council of 12 December 2006 on services in the internal market, OJ 2006, L 376/36）は，サービス市場の開放を目的とし，法律サービスも対象とするが（前文33項），弁護士サービス指令と矛盾する場合は，弁護士サービス指令が優先すると定めている（ 3 条 1 項）。Catherine Barnard, Unravelling The Services Directive, 45CMLRev. 323-394（2008）.
5 ）　OJ 1989, L 19/16；須網・前掲注 1 ）260-262頁，須網・前掲注 3 ）191-197頁。
6 ）　須網・前掲注 3 ）205-206頁。
7 ）　OJ 2005, L 255/22；同指令は，専門職資格の承認のためのより統一した，透明かつ柔軟な枠組みを作るために（前文 2 項），これまでの学位指令（指令89／48号・同92／51号），旧資格指令（1999／42号）を代替する指令であるが（前文 9 項・指令62条），職種別に定められた各指令を統合したものであるため，学位指令による相互承認の構造はそのまま維持されており（前文14項・ 1 条），サービス指令（理事会指令77／249号）及び後述の開業指令（指令98／ 5 号）にも影響しない（前文42項）。
8 ）　OJ 1998, L 77/36；須網・前掲注 3 ）207-208頁。
9 ）　但し，一定の業務は除外されるか，受入国弁護士との共同処理が要求される（ 5 条 2 ・3 項）。それらの業務とは，遺産相続・不動産譲渡に関する書類作成と法廷業務である。
10）　資格取得国の肩書で，受入国で最低 3 年間実務を行った弁護士は，適合期間・適性試験の要件なしに，受入国弁護士として認められる（10条 1 項）。
11）　Council of Bars and Law Societies of Europe（CCBE）, Number of Lawyers in CCBE Member Bars, Last Update: 2005（30 December 2005）.
12）　CCBE, Number of Lawyers in European countries-2012（21 December 2012）.
13）　CCBE, Number of Lawyers in CCBE Member Bars, Last Update: 2006（29 December 2006）.
14）　CCBE, *supra* note 12.
15）　CCBE, *supra* note 13.

16) CCBE, *supra* note 12.

17) CCBE, *supra* note 12；なおフランスでは，同10条による弁護士も667名と増加している。

18) CCBE, *supra* note 13；CCBE, *supra* note 11；CCBE, Number of Lawyers in CCBE Member Bars, Last Update: 23.02.2004（30 April 2004）；CCBE, *supra* note 12.

19) 医学教育の場合，理事会指令により，大学又は大学の監督下で，最低6年間又は5500時間の理論・実務教育が最低限の要件として規定された（須網・前掲注1）284頁）。

20) The Bologna Declaration of 19 June 1999.

21) Center for Higher Education Policy Studies（CHEPS），The extent and impact of higher education curricular reform across Europe, Final report to the Directorate-General for Education and Culture of the European Commission, Part One: Comparative Analysis and Executive Summary, 12-13, 19（2006）.

22) *Id.*, at 33.

23) *Id.*, at 28-29.

24) *Id.*, at 29 and 31.

25) *Id.*, at 30.

26) *Id.*, at 30-31.

27) Center for Higher Education Policy Studies（CHEPS），The extent and impact of higher education curricular reform across Europe, Final report to the Directorate-General for Education and Culture of the European Commission, Part Three: Five case studies on curriculum reform, 63（2006）.

28) *Id.*, at 63-64.

29) ELFA-Resolution III/06: Improving Law Teachers' Mobility within Europe, 24 February 2007）.

30) *Id.*, at 33.

31) 臨床法学教育は，法理論教育と法曹養成教育の伝統的区別に挑戦するものであり，両者の役割分担の再定義が必要であり，法学位は，より臨床的でより学際的になる必要があると指摘されていることは興味深い（*Id.*, at 66 and 74）。

32) 契約法の分野では，CCBE は，ヨーロッパ契約法の形成を推進している（CCBE Position Paper on certain Principles of European Contract Law, 31 January 2008）。

33) The Guide to the World's Leading Financial Law Firms（http://www.iflr1000.com/jurisdiction/germany/review/158#rankings）（last visited 5 August 2015）.

34) Case C-168/98 Luxembourg v. European Parliament and Council, 7 November 2000.

35) ELFA, ELFA Resolution on the London Communiqué and the general development of the Bologna Process, 18 May 2007.

第 4 章

EU の安全保障政策における域内治安問題との連結

植田　隆子

1　対外安全保障政策と域内治安の連結

　EU の外相にあたるモゲリーニ（F. Moghelini）外交安全保障政策上級代表は，2015年11月26日，バルセロナにおける演説「EU の域内治安——対外安全保障の連結（internal-external security nexus）」において厳しく ISIL を糾弾し，域内と域外の EU の活動は同じ利益と価値によって導かれ，一貫性がなければならないとした。さらに同代表は，その前の週に EU 加盟国の内務大臣が情報の共有強化，域内に出回る火器の更なる規制，テロリストへの資金供給問題への取組などに合意したと述べた（Moghelini 2015）。

　2001年の9.11対米同時多発テロは，当時は本章で検討する EU の「対外安全保障政策と域内治安問題との連結」という表現が用いられなかったまでも，犯人がドイツに居住していたこともあり，EU の政策に大きな影響を及ぼした。

　2003年に打ち出された EU の最初の安全保障戦略文書は冷戦終結後，ロシアによる軍事的脅威が大幅に低減した時期に策定されたため，「テロ，大量破壊兵器の拡散，地域紛争，破綻国家，組織犯罪」が脅威として特定され，「我々の安全に対する域内の脅威は，対外的な重要な側面がある。国境を超えた，麻薬，婦人及び武器の密売買や不法移民の移送が犯罪組織の活動の大部分を占め，テロとの結びつきもありうる。（大意）」とし，テロや組織犯罪に対し，対外活動と司法内務政策とのより良い調整が緊要とされた（Missiloli 2015：21-23, 35）。2005年12月には「対テロ戦略」も採択された（Council of the European Union 2005a）。

54

2004年3月のスペインの列車爆破テロ，2005年7月のロンドン地下鉄でのテロ，さらに，2015年1月のパリでのシャルリ・エブド襲撃事件及び同年11月のパリ同時多発テロ事件と続き，テロはEU圏にとっての深刻な安全保障上の脅威となった。EU圏に押し寄せる難民は犯罪者とは峻別されなければならず，人道的配慮が必要であるが，テロリストが難民と混在して侵入した事例も指摘された。伝統的な生活が脅かされるのではないかという恐怖感が抱かれる未曾有の規模の大量の難民の流入によってEU内での不安が増大している。

テロ対策や大量の難民流入などに対してEUレベルで取りうる対策として，かねてから域内治安と対外安全保障を有機的に組み合わせることが目指されてきており，本章ではその概要を素描する。

2 連結の両側面

EUの加盟国では国内の治安問題は内務省系統の役所が，対外安全保障は外務省や防衛省が所掌している。EUレベルでは，域内治安問題については加盟国の内務（あるいは法務）大臣，対外安全保障については外務大臣（あるいは防衛大臣も加わった）其々の理事会で議論・決定がなされる。

EUの司法・内務協力分野の専門家であるトラウナー（F. Trauner）教授は，2011年に発表した研究で，単純化された説明と断わりつつ，内務大臣は，問題をEU域内に入れず，域外との国境を閉じると発想するのに対し，EUの外交安全保障政策の主要原則は，広域的な欧州地域で地域統合と善隣関係を進めることであるとする対立点を指摘している[1]（Trauner 2011：21）。外交面では，欧州近隣諸国政策と呼ばれる政策が遂行されており，隣接国との経済統合を進めるためには，査証手続きの簡素化や自由化が含まれる。トラウナー教授は，特に，近隣諸国に対する政策で，域内と域外の上記原則の適正なバランスの必要性を指摘している（Trauner 2011：21）。

遡ってみれば，1999年に発効したアムステルダム条約でシェンゲン協定を欧州連合条約に統合し，難民，移民，民事司法協力などの分野は共同体化された。2009年に発効したリスボン条約は，過去の基本条約での経済・通貨統合，

共通外交安全保障政策，自由・安全・司法の空間（司法内務）という三本柱構造を消滅させたが，政策決定においては，其々を所掌する理事会（加盟国），欧州委員会，欧州議会の役割とその権限関係が深く関わっている。

　これら多数のアクターによる政策形成や調整のために，欧州連合運営条約71条により，加盟国の内務省あるいは法務省の高級官僚，欧州委員会及び欧州対外活動庁（EEAS）の代表から成る域内治安常設委員会（Standing Committee on Operational Cooperation on Internal Security）を発足させ，共通外交安全保障政策の分野の日常的な決定と外相理事会の準備を行う政治安全保障委員会（PSC）との合同会議も2011年から開催されている。2008年には，理事会の政策決定の母体である作業部会の一つである対外関係参事官グループの中に司法内務の対外側面を対象とするアドホック・サポート・グループ（JAIEX Group）が作られているが，この方式での調整の困難さも指摘されてきた（Trauner 2011：24-25；Brandy 2015：41）。

　2008年にまとめられた前述の EU の安全保障戦略の履行報告書では，2003年に指摘されていたにもかかわらず，域内治安部門と対外安全保障部門間の加盟国内及び EU レベルでの協力の進展が遅く，不完全であるとされている（Missiroli 2015：47）。

3　域内治安部門の対外的側面

　トラウナー教授は，司法内務分野を対外関係に体系的に統合しようとする努力は1999年のタンペレの欧州理事会に遡ると述べている（Trauner 2011：12-13）。2005年12月には「司法内務分野の対外的次元のための戦略：グローバルな自由，安全，司法」が採択され，司法内務，共通外交安全保障政策，開発協力の相互関係や非軍事危機管理活動（日本で言う PKO）の重要性が指摘された（Council of the European Union 2005b）。

　2010年 2 月には最初の「域内治安戦略」（European Union 2010）が合意され，2015年 6 月には2015-2020年の間の更新版の同戦略（Renewed European Union Internal Security Strategy 2015-2020）（Council of the European Union 2015）が採

択された。同更新版では，5年間の優先課題として，①テロとの闘いの域内及び域外の側面を統合し，外国人テロ戦闘員の問題に特に留意し，国境の安全を体系的かつ調整されたチェックによって強化し，テロやテロへの急進化とリクルート，テロへの資金提供の防止に努める，②組織犯罪の防止，③サイバー安全保障の向上とサイバー犯罪の防止を取り上げている。さらに，人身売買に対する包括的アプローチが重視されている。

2016年6月までに策定される外交安全保障に関するグローバル戦略とのシナジーが確保される必要があることも強調された。さらに，違法な火器が深刻な脅威であるため，対処が要請された。

以上の域内治安戦略では，域内治安というアングルから対外的側面が位置付けられていたが，2015年夏からのEU圏への難民の大規模な流入やパリでのテロ攻撃によって，アングルが逆転したと言えよう。すなわち，対外側面が主対象として注視されるようになった。

4　対外政策部門での域内治安問題に対する対処

1　CSDP（共通安全保障防衛政策）作戦・ミッション

EUは2000年以来，域外で軍事および非軍事の危機管理活動を主としてバルカン地域やアフリカ，中東で実施してきた。執筆時点では6種類の軍事作戦と11種類の非軍事ミッション（警官，判事，検察官，あるいは国境管理官などから成る）を展開している。2008年12月開始のソマリア沖の海賊対策であるEU初の海軍作戦「アルテア」，ロシアによるジョージアに対する越境攻撃直後に投入された停戦監視などを任務とする監視ミッションは規模も大きく，任務の重要性から域外にも知られてきた。

域内治安部門からは，関連の非軍事ミッションを立ち上げる時点での任務（マンデート）や要員編成などのプランニングあるいは要員派遣の面での治安部門（EUレベルでは欧州警察機構EUROPOL，欧州域外国境管理庁FRONTEXなど）との協力強化が要請されてきた。CSDP側は，非軍事ミッションの要員は，主としてEU加盟国の治安部門からの派遣に依存してきた。両者間の協力の好例

第1部　EUにおける人の国際移動

として挙げられてきたのは，2008年2月に投入が決定されたコソボの法の支配ミッション（EULEX KOSOVO）であり（Trauner 2011：26；Brady 2015：39），同ミッションは，とくに警察・司法・税関部門に関し，執行権限を持ちつつコソボ支援を行っている。

　近年の全般的傾向としてはEU域内治安に資するミッションが増加している。以下に稼働中で域内治安と密接に関連する主要な事例の概要を紹介する。

　(1)　**地中海中南部軍事作戦（ソフィア作戦 EUNAVFOR MED）**　海路でEU圏に向かう難民とその人命の損失の増大に直面したEUは，2015年6月に軍事作戦を発足させた。任務は，①地中海側からの密入国や人身売買のためのネットワークというビジネス・モデルを遮断すること，②海上における人命の更なる損失を減少させることであり，同年10月7日より，公海上の臨検や捜索，行先の迂回などを任務に含む第二段階の作戦を始めた。旗艦はイタリアの軽空母ガブリエルであり，EUの24ヵ国が貢献している。

　2015年12月22日には，EUROPOLとEUNAVFOR MEDの間で二者間の協力強化が合意された。

　(2)　**国境・境界管理支援ミッション**　国境や境界の管理を支援するために，ガザ・ラファ（EU BAM RAFAH, 2005年発足），ウクライナ・モルドバ（EU BAM MOLDVA UKLAINE, 2005年発足），リビア（EU BAM LIBYA, 2013年発足）が設置されている。ガザとエジプト間のラファ検問所に置かれたミッションは中東和平への貢献を目指したが，現地情勢の悪化により活動していない。リビアの国境管理支援についてはリビアを統治しうる政府主体が欠如しているため同様の状態にあり，2016年2月に任務が修正された。ウクライナとモルドバのミッションは沿ドニエストル問題の平和的解決支援も目指しており，2017年11月末までマンデートが延長されている。2015年末のデータでは，EU13ヵ国から74名，ウクライナとモルドバから116名の要員で稼働している。

　(3)　**EUマリ軍事訓練ミッション（EUTM MALI）**　2012年のマリでの複数のイスラム過激派によるクーデタによりマリ政府からの要請でフランスが翌年軍事介入した。EU加盟国にとっては，現地のEU市民の保護及びEU圏に対するテロ攻撃の脅威という観点から，EUの包括的なサヘル地域戦略を基盤と

58

し，マリ政府の要請と国連安保理決議2085（2012年）に基づき，マリ政府軍の能力強化をはかる CSDP 軍事作戦を2013年2月に発足させた。任務にはマリの秩序の回復，全土における主権の行使を支援，組織犯罪とテロの脅威の無力化が含まれている。2015年12月時点では EU 非加盟の3カ国を含む25ヵ国が軍事訓練を主とする要員を派遣し，支援要員を含むと600名近い規模になっている。

⑷　**マリ国内治安部隊能力構築ミッション（EU CAP SAHEL MALI）・サヘル地域テロ・組織犯罪対処能力構築ミッション（EU CAP SAHEL NIGER）**　サヘル地域は，EU にとって，テロ，組織犯罪，不法移民，エネルギー安全保障の観点から極めて重視され，包括的な戦略が策定されている。マリの能力構築ミッションは，2015年1月に発足し，マリの国家警察，憲兵隊，国家警備隊の能力向上を図る目的を持つ。国連マリ多面的統合安定化ミッション（MINUSCA）とも緊密に協力をしている。2015年夏時点で，EU13ヵ国から80名の要員が投入された。

　ニジェールでは，ボコ・ハラムによるテロの脅威も抱える同政府の要請により，2012年8月にミッションが開始された。その任務は，テロや組織犯罪対処のために，同国の様々な治安関係機関が人権尊重に基づき，より統合されたアプローチを可能にするための支援である。2014年9月のデータでは，EU11ヵ国から56名が派遣されていた。

⑸　**その他の治安関連の CSDP ミッション**　EU の最初の非軍事ミッション及び軍事ミッションの展開先はバルカン地域だった。民族対立による紛争への対処の他に，EU 圏にとっては域内治安問題からも隣接するバルカン地域の国々は重要だった。EU 加盟の道を歩むことになっているバルカン諸国には腐敗や組織犯罪が広がっていたからである。

　アフガニスタンの安定化のための警察ミッション（EU POL AFGHANISTAN），中東ではパレスチナ警察ミッション（EU POL COPPS）が現地警察の支援を行ってきた。

　アフリカでは，海賊対策のための軍隊や海上保安能力支援目的でソマリア軍事訓練ミッション（EU TM SOMALIA），アフリカの角地域海事能力構築ミッション（EU CAP NESTOR）を投入している。海賊問題は，組織犯罪や不法取

第 1 部　EU における人の国際移動

引ともかかわっている。現地の治安能力向上のために，中央アフリカ軍事助言ミッション（EU MAM RCA）及びコンゴ民主共和国治安分野改革支援ミッション（EU SEC RD CONGO）も活動してきた。

(6)　**難民対処のミッションをめぐる議論**　　CSDP ミッションを EU の人の国際移動政策の重要なツールとして用いるという議論が加盟国間でなされている。①すでに投入しているミッションの強化，②現地情勢をより良く把握するために現地でのプレゼンスを増大させる，③現地の能力強化策を増強する，④欧州委員会，FRONTEX, EUROPOL や現地の EU 代表部との協力を強化するなどの案が検討されている。

2　仏テロとリスボン条約相互援助条項の発動

　欧州連合条約42条 7 項（相互援助条項）は，2015年11月13日のパリでの同時多発テロの被害国フランスによって初めて発動された。同条項は，国連憲章51条に従い，自国領内で軍事攻撃の対象となった EU 加盟国に対し，他の加盟国があらゆる手段を用いて支援する義務を規定している。軍事的非同盟あるいは中立国の場合は，その安全保障・防衛政策に抵触せず，NATO 加盟国はNATO の枠内での義務とも矛盾しないとされている。

　この条項を履行するための手続きは決められておらず，不要とみなされている。本条項は政府間協力によって実施されるため，フランスは EU 加盟国それぞれに協力を要請し，欧州対外活動庁（EEAS）に対する調整の要請は出されなかった。同条項は地理的な適用範囲は限定されていない。

　このため，ISIL に対するフランスの軍事作戦の直接的支援の他，フランスが国内外でのテロ対策に集中するため，EU の CSDP 作戦や国連の PKO にフランスが貢献している兵力の肩代わりを EU 加盟国が提供する支援が表明された。フランスが2015年11月段階で EU や国連に貢献している兵員は合計1,400名と算定されていた。

　テロ攻撃に言及がある欧州連合運営条約222条（連帯条項）をフランスが発動しなかった理由は，①同条項は地理的には発動する国（被災国）の国内での履行に限定されていること，②履行には共同体部分が関与することになっている

ことが指摘されている。[3]

9.11対米同時多発テロのときは，ロバートソン（G. Robertson）NATO事務総長の主導で集団防衛規定である北大西洋条約5条が発動されたが，対仏テロに際し，フランスがEUを使った理由は，①伝統的にNATOへの共感が少ない，②北大西洋条約5条を発動すると，巨大なNATOの軍事機構が動き出すことになる，③NATOに敵対的なロシアと，対テロ作戦で共闘することができなくなるなどの理由があるとみられ，北大西洋条約4条の協議条項も発動されなかった。

EU加盟国の中で最大の支援を表明したのはドイツであり，マリ及びイラクへの増派の表明の他，ドイツ連邦議会は同年12月4日に，①監視偵察任務として，トルナード電子偵察機6機などを用いる，②空中給油機によって有志国連合軍の戦闘機に燃料を補給する，③シリア沖に展開するフランス海軍の空母「シャルル・ド・ゴール」警護のために，フリゲート艦「アウグスブルク」を地中海に派遣するなど，約1,200名のドイツ連邦軍の派遣を認めた。

英国はキプロスの空軍基地をフランスに提供し，自らもシリアでのISIL空爆を増強した。多くの国々がEU TM MALIへの増派などを表明した。

5　EUとしての政策強化を目指す包括的アプローチ

人，モノ，資本，サービスの自由移動は欧州統合の根幹をなすものであるが，大規模なテロや殺到する移民によって，シェンゲン域内では部分的に国境管理が復活している。

2015年11月25日，ユンカー（J.-C. Junker）欧州委員長は，ブラッセルの欧州議会における同月13日のパリでの同時多発テロに関するスピーチで，域内での国境審査を撤廃し，自由移動を可能にしたシェンゲン協定について，シェンゲン協定の精神を守り，再生させることに言及し，同協定が崩壊すると単一通貨も意味をなさない，同協定は欧州統合の礎石の一つであると警鐘した（Junker 2015）。

非合法な人の国際移動をめぐる問題について，EU加盟国間による対処の足

第1部　EUにおける人の国際移動

並みは必ずしも揃っていないが，処方箋としては，加盟国間の協力やEUレベルでの措置・支援の強化が必要であり，EUレベルでの政策のシナジーをはかる「包括的アプローチ」に帰着する。

　モゲリーニ外交安全保障政策上級代表は，欧州委員会副委員長を前任者のアシュトン代表と同様に兼任しているが，2014年11月の就任以来，最低月1回，対外関係分野の欧州委員（近隣諸国政策・拡大交渉，貿易，開発，人道援助，気候行動・エネルギー，運輸，移民を所掌する委員）の会合を招集し，結束が図られてきた。

　すでに検討してきたように，政策立案から履行に至るまで，対外安全保障と域内治安の連結の強化のためには，欧州対外活動庁，理事会，欧州委員会，欧州議会あるいは司法内務関連の様々なEU機関との連携も一層，必要になろう。とくに，加盟国からEU機関への情報提供や，CSDPミッションとFRONTEX, EUROPOLなどとの情報共有向上の必要性が指摘されてきた。

　大量の移民流入に対しては，2015年11月11-12日にEUはアフリカ諸国との首脳会議をバレッタで開催し，政治宣言及び行動計画を採択した。行動計画には開発協力，人道援助，新たな紛争の防止，国境や出入国管理分野や，CSDPミッションとの協力などが盛り込まれ，アフリカ向けの18億ユーロの緊急信託基金も用意された。EUの統合的な隣接諸国政策である「欧州近隣諸国政策（ENP）」の見直しも実施され，対象国にとっても，テロや難民などで急激に悪化している安全保障分野や治安対策に傾斜した施策が強化されることになった。

　ユーロ危機によって金融監督制度や財政規律が強化されたように，巨視的・長期的に見れば，現下の難民危機対処からは，EU統合の強化が結果的には，進められることになろう。

＊筆者は2008-11年の間，外務省EU代表部次席大使の任にあり，本稿は当時及び離任後のEU関係者との意見交換も踏まえているが，筆者個人の見解である。面談に多くの時間を費やして下さった方々にお礼を申し上げる。

注
1）　同様の指摘については，以下も参照。Keukeleire 2014：234；Eriksson 2009：257。
2）　EUは非軍事の活動に「ミッション」，軍事活動に「作戦」という名称を用いる場合が

多いが，軍事活動名にミッションという名称を付けることもある。

3) 相互援助条項の発動に関する解説として，以下の参考文献の Rehrl を参照。

参考文献

〈1 一次資料〉

Council of the European Union (2005a) The European Union Counter-Terrorism Strategy (14469/4/05 REV4).

Council of the European Union (2005b) A Strategy for the External Dimension of JHA: Global Freedom, Security and Justice (15446/05).

Council of the European Union (2015) Council Conclusions on CSDP (8971/15).

Council of the European Union (2015) Draft Council Conclusions on the Renewed European Union Internal Security Strategy 2015-2020 (9798/15).

European Commission (2010) Communication from the Commission to the European Parliament and the Council: The EU Internal Security Strategy in Action: Five Steps towards a More Secure Europe, COM (2010) 673 final.

European Commission (2015) Communication from the Commission to the European Parliament, the Council, the European Economic and Social Committee and the Committee of the Regions, The European Agenda on Security, COM (2015) 185 final.

European Union (2010) Internal Security Strategy for the European Union: Towards a European Security Model.

Juncker, Jean-Claude (2015) Discours du Président Juncker à la Session Plénière du Parlement européen sur les attentats de Paris (Bruxelles, le 25 novembre).

Mogherini, Federica (2015) The EU Internal-External Security Nexus: Terrorism as an Example of the Necessary Link betseen Different Dimensions of Action (Speech Text, Barcelona, November 26).

Missiroli, Antonio, ed. (2015) *Towards an EU Global Strategy: Background, Process, References,* Paris: EU Institute for Security Studies. (EUISS) (EU の安全保障戦略などの原資料と解説).

〈2 研究文献〉

Boin, Arjen, Ekengren, Magnus, *et al.* eds., (2013) *The European Union as Crisis Manager: Patterns and Prospects,* Cambridge: Cambridge University Press.

Bossong, Raphael and Rhinard, Mark (2013) "The EU Internal Security Strategy: Towards a More Coherent Approach to EU Security?" *Studia Diplomatica,* LXVI, 2, pp. 45-58.

Brady, Hugo and Parkes, Roderick (2015) *EU Home Affairs Diplomacy: Why, What, Where—and How,* Chaillot Papers, Paris: EUISS.

Eriksson, Johan and Rhinard, Mark (2009) "The Internal-External Security Nexus:

第 1 部　EU における人の国際移動

Notes on an Emerging Research Agenda," *Cooperation and Conflict*, Vol. 44(3), pp. 243-267.

Kaunert, Christian and Zwolski, Kamil（2013）*The EU as a Global Security Actor: A Comprehensive Analysis beyond CFSP and JHA*, Hampshire: Palgrave Macmillan.

Keukeleire, Stephan and Delreux, Tom（2014）*The Foreign Policy of the European Union*, 2nd ed., Hampshire: Palgrave Macmillan.

Lozaridis, Gabriella, and Wadia, Khursheed, eds.,（2015）*The Securitisation of Migration in the EU: Debates since 9/11*, Hampshire: Palgrave Macmillan.

Rehrl, Jochen（2015）"Invoking the EU's Mutual Assistance Clause. What it says, what it means," Commentaries, Egmont（http://www.egmontinstitute.be/publication_article/invoking-the-eus-mutual-assistance-clause-what-it-says-what-it-means/, last visited 30 December 2015）.

Trauner, Florian（2011）*The Internal-External Security Nexus: More Coherence under Lisbon?* Occasional Paper No. 89, Paris, EUISS.

Trauner, Florian and Servent, Ariadna Ripoll（2015）*Policy Change in the Area of Freedom, Security and Justice: How EU Institutions Matter*, London: Routledge.

Wolff, Sarah, Wichmann, Nicole, *et al.*（2013）*The External Dimension of Justice and Home Affairs: A Different Security Agenda for the European Union?* London: Routledge.

岩野智（2015）「EU における開発協力政策と共通外交・安全保障政策のリンケージ『アフリカ平和ファシリティ』の運用権限をめぐる機関間対立」『国際政治』182号，71-84頁。

植田隆子編著（2003）『現代ヨーロッパ国際政治』岩波書店。

植田隆子編著（2009）『EU スタディーズ 1　対外関係』勁草書房。

植田隆子（2011）「リスボン条約と EU の対外関係（2009年12月―2011年 1 月）」『日本 EU 学会年報』31号，60-80頁。

植田隆子（2012）「欧州連合（EU）による市民の保護――欧州委員会人道援助・市民保護総局（ECHO）と欧州対外活動庁（EEAS）の役割と活動」『国際法外交雑誌』111巻 2 号，82-100頁。

植田隆子（2014a）「ユーロ危機の時期の EU の対外関係（2008年 9 月―2014年 1 月）」『日本 EU 学会年報』34号，155-179頁。

植田隆子（2014b）「12章　欧州連合の対外関係」「13章　欧州連合の安全保障・防衛政策と人道援助」「14章　Ⅱ．日 EU 関係の変容（2005-2014年）」植田隆子他編著『新 EU 論』信山社，157-226，239-261頁。

神田正淑（2014）「8 章　EU の司法・内務」植田隆子他編著『新 EU 論』信山社，104-118頁。

坂井一成（2015）「EU の地中海政策におけるフランスの関与と課題――難民問題のセキュリタイゼーションをめぐって」『国際政治』182号，58-70頁。

第 5 章

EU 移民統合政策の生成と展開
——競合する「統合のための権利」と「権利のための統合」

佐藤　俊輔

1　競い合う 2 つの移民統合政策
——「統合」と「権利」のメビウスの輪

　移民政策は EU のなかでも最近になり発展した分野であり，時に「遅れてきた」政策領域と称される。EU 域内での人の自由移動が1950年代に起源を有し，EU 市民権の創設や市民権指令，それらを裏打ちする多くの判例を通じ，EU の基本原則として確立しているのに対し，[1] EU 域外からの第三国国民（非 EU 加盟国国民）に関する移民政策はマーストリヒト条約でようやく第 3 の柱に制度化された。加えて第 3 の柱は各国主権を維持する政府間協調に留まっていたため，EU が拘束力を有する共通政策を策定できるようになるのは，1999年のアムステルダム条約発効により移民政策が第 1 の柱へと移された「共同体化」[2] 以降のことである。しかも同条約発効につづき開かれたタンペレ欧州理事会では，各国首脳が第三国国民の公正処遇を共通移民政策の目的として掲げ「精力的な統合政策によって加盟国領域内へ合法的に居住する者へ EU 市民と同等程度の（Comparable）権利を付与すべき」との野心的な宣言を行ったため，アムステルダム条約とタンペレ宣言はその後の移民統合政策の発展へ多大な期待をもたらしたのである。

　このことから本稿ではアムステルダム条約を起点として現在までの EU 移民統合政策の発展を簡単に分析したい。同条約以降の EU 統合政策に特徴的であったのは，何より EU が統合政策につき明示的な権限を有していなかったこ

65

第1部　EUにおける人の国際移動

とである。このため権限が明示的に設定されるリスボン条約発効までの間，統合政策の政策領域の内容と射程を巡り，EU内部に競い合う2つのフレーミングが現れた。ひとつは1999年以降から欧州委員会に担われた，正規移民への権利付与を通じて統合促進を目指す政策枠組みであり，もうひとつは2002年前後から加盟国間に現れた権利の前提としての統合の政策枠組みである。前者は指令による移民への権利保障がその主な手段であるのに対して，後者は各国の移民統合政策をその主な手段として想定し，そこではEUの役割は各国間の協調促進という補助的なものとされた。タンペレ宣言直後，多くの委員会指令草案にみられた前者の「統合のための権利」による統合政策の枠組みは，やがて移民統合をEUでなく各国の権限だとする加盟国の抵抗により後者の「権利のための統合」の政策枠組みへと変移してゆく（第2節）。リスボン条約で統合政策が正規移民に関する政策と区別され，EUの権限が厳しく制限された点には，後者のフレーミングが反映されたことが伺える。しかし同条約によって導入された変化は統合政策を単に加盟国の手に委ねるものでもなかった（第3節）。むしろEU移民統合政策は未だ超国家的統合と政府間協調の微妙な均衡の上に成り立っており，EUにおける移民の国際移動管理の行方もその均衡如何にかかっている（第4節）。

2　アムステルダム条約以後の移民統合政策
——権利による統合から市民統合へ

　アムステルダム条約による移民政策の第1の柱への編入（共同体化）と，タンペレ理事会による第三国国民へのEU市民同等の権利付与という野心的宣言によって，20世紀末には移民政策の進展への期待が従来にない程に高まっていた。それでは，この「権利付与による統合」はその後どの程度実現されたのだろうか。

　結論を先取りするならば，正規移民に関する政策協調は容易には進まなかった。そのひとつの要因として9.11事件による移民政策の政治化が挙げられる。欧州委員会は極めて精力的に活動を開始したものの，この事件をきっかけとし

て各国で移民政策が論争的な争点となったため，EU でも政策の力点は組織犯罪，テロリズム対策や不法移民対策へ置かれ，正規移民についての政策協調は困難となったのである。また移民政策の共同体化に際して2004年5月まで5年間の移行期間が設けられていたことも政策協調を一層困難とした。移行期間中はEU 諸機関の影響力が大きく限定されたため，名目的な共同体化にもかかわらず，実質的に政府間主義に基づく制度構造が残されたままとなっていたのである。[3]

　そのような状況のなか，正規移民に関して重要な成果となったのは家族再結合指令（2003/86/EC）と EU 長期居住者指令（2003/109/EC）の2つであった。前者は第三国国民へ家族呼寄せの権利を与え，後者は5年以上にわたり加盟国に居住する第三国国民へ EU 長期居住者の地位と様々な権利を付与する指令であるが，いずれも前文でタンペレ宣言に示された第三国国民の公正処遇，EU 市民とほぼ同等の権利・義務付与といった目標へ言及し，権利付与を通じた第三国国民の統合促進を目的として掲げている点が共通している。

　もっとも，対象となる移民の権利を大きく向上させると思われた欧州委員会草案が，主としてドイツ，オーストリア，オランダ等の加盟国の激しい抵抗に遭い，多くの面で加盟国裁量の拡大，地位認定基準の厳格化や権利水準の低下を伴った点も両指令に共通している。[4]例えば家族再結合指令の交渉では，再結合までの待機期間の延長（2年，最長3年）や，呼寄せに際して言語習得や加盟国に関する知識の習得等を義務付ける統合措置（Integration measures），要件（Integration conditions）（12歳以上の場合）の導入，合流後家族の労働市場へのアクセス制限（1年間）などの変更が施されたが，いずれも基本的に家族再結合の要件を引上げ，その権利に留保を付す内容であった。その狙いは第1草案で「家族再結合の権利を確立するため」とされた指令の目的が，最終的に「家族再結合の権利を行使する要件を確定するため」と変更された点に明快である。

　長期居住者指令についても欧州委員会は当初極めて野心的な草案を提出していた。5年以上の合法的居住，定期的で安定した資力，疾病保険の保持，公共への脅威とならないことの4点を満たす全移民に雇用，教育，職業訓練，社会保障，社会扶助，住宅など広範な分野で加盟国国民との平等処遇の権利を認め，

第1部　EUにおける人の国際移動

さらに長期居住者に他の加盟国での居住の自由を付与しようとしたのである。それまで第三国国民の国際移動はEU市民の家族を除き認められていなかったことに鑑みれば，これはEU市民の自由移動の原理を移民へと拡張する革新的試みであり，居住によって一定の権利を認めるポスト・ナショナルな市民権の試みでもあった。

　しかしこの試みも理事会で加盟国の抵抗に遭い，大きな後退を余儀なくされる。交渉の結果，①社会保障・社会扶助における平等処遇の限定，②雇用・自営活動の公的機関に関与しない範囲への限定，③地位認定の条件としての統合要件の導入，さらに他加盟国への移動に際し④移動先の加盟国による統合措置の要求や，国内労働市場の状況を顧みて国内法手続きの適用（労働契約の要求など）やEU市民・国内で失職中の移民の優先を許す，いわゆる「労働市場テスト」導入などが盛り込まれた。それらの多くは導入の是非を加盟国が決定する‘may’条項であったとはいえ，これにより加盟国には長期居住者の地位認定や権利の幅，移動の許可を巡り，大幅な主権的裁量の余地が残されたのである[5]。

　このように多くの点で類似性の高い両指令の交渉であるが，とりわけ両指令で揃って統合要件・措置が導入されたことは注目に値する[6]。これは次の3点でとりわけ重要な意味を持っていた。ひとつは統合要件・措置は各国法で定めるとされたため，欧州委員会の意図したポストナショナルな市民権と国家の切り離しの試みが，再度各国における移民統合政策の問題へと引き戻され，縮減されたこと。もうひとつは，これにより，安定的な地位と権利の付与によって統合を促進するとした両指令の当初の理念に対し，むしろホスト国への統合を義務付け，いわば統合の見返りとして地位と権利を付与する，「権利のための統合」の理念が新たにEUへ持ち込まれたこと。最後に，これらの規定が国内で移民に統合——すなわち講習参加や試験を通じたホスト国の言語や文化の習得——を義務付ける市民統合政策（Civic Integration）の導入を予定していたオランダ，ドイツなどの加盟国へ正当化の根拠を与え，移民抑制や同化主義を隠れた目的としていると厳しい批判のある同政策を，欧州諸国へ拡散させる間接的触媒となったことである（Bonjour and Vink 2013；市民統合を巡る諸問題について佐藤 2012, 2015）。

第5章 EU移民統合政策の生成と展開

　EUの「統合のための権利付与」から加盟国の「権利付与のための統合」への転換は両指令の交渉と平行し徐々に進んでいた。例えば2003年のテッサロニキ欧州理事会では移民統合の責任は主に加盟国にあるとの合意が示され，2003年から2004年までに加盟国間の情報交換を促すナショナル・コンタクト・ポイントや各国官僚間での情報交換に基づきグッド・プラクティスをまとめた統合ハンドブック，EU内の移民の動向，各国の移民政策，統合政策を分析した欧州委員会の年次レポートなど，情報の流通により加盟国の協調を促進する枠組みが創設されていく。2001年に提示された被用者・自営労働者に関する指令草案が加盟国の支持を得られなかったこともあり，統合政策のガバナンスは法的拘束力を有するEU指令から拘束力のない緩やかな各国間協調へ転換していったと言える。[7)]

　しかしながら，それは必ずしも加盟国がEUでの政策協調に二の足を踏んだことを意味したわけではない。むしろ加盟国が積極的に政府間主義的な協調枠組みと統合政策をEUに導入した点がこの転換の特徴であった。それを象徴するのが2004年11月に閣僚理事会で採択された「EU移民統合政策の共通基本原則（以下CBP）」である。CBPは雇用・教育や政治参加など移民統合の必要を多面的に説く全体に穏当な内容ながら，しかし同時に「EUの基本的価値」に適応し「ホスト社会の言語，歴史，制度についての基礎知識」を持つことが統合に不可欠だとした同化主義ともとれる文言が，議長国オランダの積極的な働きで盛り込まれた。これは先に指摘した権利付与による統合から統合による権利付与へのパラダイム転換を明確化し，さらにはオランダを含む幾つかの加盟国が予定する市民統合政策の導入を正当化するものであったと言える。加えてそこでEUに認められた役割は非常に限定的であった。理事会はCBPを「国家・地方の統合政策の支援に必要なEUレベルのメカニズム・政策につき理事会が考えを深め，徐々に合意へ向かうことを補助する」ものと見なしており，EUレベルでの具体的な政策の必要についてすら定かにはされていなかった。端的に言えば，CBPは新たな義務的統合（市民統合）の理念とそこにおける加盟国の中心性，そして政府間主義的な協調方式をEUのレベルで明確化したのである。

第1部　EUにおける人の国際移動

　同様の傾向は2008年に議長国フランスが理事会での採択を進めた「移民と難民に関するヨーロッパ協定」にも明確に見出せる。その草案でフランスは自国で導入していた移民への義務的「統合契約」の導入を他の諸国にも奨励しようと試みていた。スペインの反対により最終的に義務的統合契約の文言は草案から削除されたものの，採択された協定には依然として言語習得の重要性や加盟国のアイデンティティの尊重など市民統合政策を推進する文言が残され，また合法移民の受入れ条件，受入れ数に関して加盟国に決定権があることが強調されていた。このため，この間に統合ハンドブック第2版の公表やEUと市民社会との対話のための「統合フォーラム」設置，「統合に関するウェブサイト」創設，各国・地方などのレベルで統合プロジェクトを支援する「統合のためのヨーロッパ基金」創設など幾つかの政策的進展が見られたものの，それらは基本的に情報共有を促進し，または財政的な手段によって各国を支援するものであった。

　以上のように，アムステルダム条約と共に発進し，様々な分野で正規移民に共通の権利を与えようとした当初のEU移民統合政策は，あくまで統合政策を加盟国の権限に属するものとする加盟国の抵抗によって徐々にその限界が明確となっていった。家族再結合，長期居住者の両指令に挿入された移民への統合要求も，基本的にこれらの地位の付与に関わる裁量を加盟国の手に残そうとするものであった。リスボン条約発効の直前に採択された「高度技能労働者指令（ブルーカード指令）（2009/50/EC）」においても，労働者の受入れ量の決定権限は加盟国にあることが改めて確認され，先の指令とは異なり移民統合という目的が指令中で言及されることもなかったのである。

3　リスボン条約以後のEU移民統合政策
——部分的超国家化とその行方

　このような経緯から見た時，2009年に発効したリスボン条約が移民統合政策に与えた影響は両義的であった。一方で同条約は移行期間終了後も認められていなかった各国下級審からEU裁判所への先決裁定付託を可能とし，また正規

70

移民の分野へ理事会での特定多数決と議会との共同決定（通常立法手続き）をもたらした。さらにEUへ正規に居住する第三国国民の権利の定義についての権限が与えられた点も注目に値する（79条2項(a), (b)）。他方で第三国国民の統合についても初めて明示されたが，それによればEUには加盟国の行動へのインセンティブと支援の提供にかかわる施策の制定のみが許され，加盟国法・規制の調和化は明確に権限から除外された（79条4項）。またEU域外から職を求めて入国する移民の量については加盟国が決定権を持つとされたため（79条5項），リスボン条約は統合政策におけるEUの権限を厳しい限定とともに明記することで，それまでの政府間主義の傾向を追認・固定化した一方，正規移民の分野ではEU諸機関に課せられていた限定を取り去り，その権限を大幅に拡大したのである。

　今のところ，この制度変化は移民統合政策に2つの影響を及ぼしているように見える。ひとつはアムステルダム条約以後に欧州委員会が追及した移民への権利付与を通じた統合への僅かながらの追い風となったこと，もうひとつはCBP以降加盟国の追及する権利付与の前提としての統合，すなわち市民統合政策に対してEU裁判所をはじめとするEU諸機関の一定の介入を可能としたことである。

　前者については単一許可指令（2011/98/EU）の事例を挙げておきたい。2001年の経済移民に関する指令草案が頓挫したことは先述したが，そのデッドロックを解消するため欧州委員会は2005年に加盟国・市民社会との意見交換を行い，結果としてこの指令を5つに分割することで政策協調を進めようとしていた。ひとつは移民労働者全体の権利を保障する枠組み指令であり，その他4つは高度技能労働者，季節労働者，企業内転勤者，報酬付き研修生という特定類型の移民を対象とする指令である（COM（2004）811 final, COM（2005）669 final）。その内，高度技能労働者指令と枠組み指令（居住許可・労働許可をあわせ単一の許可を与えるため単一許可指令と通称される）は2007年に同時に草案が提出されたが，ブルーカード指令が2009年5月に採択されたのに対し，既に居住する移民を含めた労働移民一般への権利付与を目的とする単一許可指令に対してはEUの権限が疑われ，交渉は手詰まりに陥っていた。このときリスボン条約が

第 1 部　EU における人の国際移動

明示的に正規移民の権利を定義する権限を EU へ認めたため，条約発効が交渉再発進の触媒となったのである。加盟国に大きな裁量が認められるとはいえ，この指令で特定の類型に属さない労働移民にも最低限の権利が保障されたため，タンペレ宣言で言及された EU 市民と移民との権利格差は僅かながら埋められたと言える。

　後者については加盟国の市民統合政策を巡る EU 司法裁判所判例と，それに呼応する欧州委員会の働きを簡単に紹介したい。[8] 特にリスボン条約以降，役割を増した裁判所はこれまでの EU 指令を手掛かりとして様々な形で加盟国の裁量へ制限をかけるようになった。市民統合にかかわり画期をなした判例として挙げられるのは *Chakroun* 判決（C-578/08）である。この判決で，裁判所は加盟国に対して家族結合を許可する積極的義務を認め「家族結合の許可が原則であって，加盟国の裁量は指令の目的である家族結合促進と，指令の有効性を覆すような方法で使用されるべきでない」と厳しく加盟国の裁量を制限した。その後，同様のアプローチが *Commission v Netherlands* 判決（C-508/10）で長期居住者指令に拡張された。この判決で裁判所は指令の主要な目的が域内市場での人の自由移動と加盟国に長期居住する第三国国民の統合にあると確認したうえで，加盟国は指令の「目的達成を危うくし，その有効性を損ねかねない規制を適用してはならない」と述べ，加盟国裁量は統合の障壁とならぬよう用いなければならないとの立場を今一度明らかにしたのである。以後，判例法の進展は加盟国の市民統合政策を更に繊細な形で縛るようになっている。例えば2014年の *Dogan* 事件判決（C-138/13）や *K and A* 判決（C-153/14）では基本的に家族結合での統合試験自体を否定するものではないものの，年齢，教育程度，経済状況，健康など個々人の事情を勘案し，試験通過が移民にとって非常に困難な障害とならないよう加盟国に求めている。このような裁判所の判例は加盟国の，特に移民制限的な政策に対しては，将来的に大きな圧力となるであろう。

　これに対し，一方で欧州委員会は CBP で示された EU の役割に沿って加盟国による統合政策の発展を情報交換の促進やベスト・プラクティスの発見などを通じて支援してきたが，他方で市民統合のもたらす移民の抑止効果へ懸念を示し，政策のガイドラインを設定することにより，その排除的要素を抑制しよ

うともしている。そこには積極的に判例で示された基準が取り込まれ，市民統合の正当性について明示的な基準の設定が試みられている。その基準自体は法的拘束力を有するわけではないが，それを大きく逸脱すれば上記 *Commission v Netherlands* 事件がそうであったように欧州委員会は加盟国に対し条約違反確認手続きを用いることが可能なため，間接的に加盟国を拘束しつつある。

　以上のように，リスボン条約で EU の統合政策に関する権限が明示的に制限されたにもかかわらず，EU 裁判所と欧州委員会は既存の指令に基づいて一定程度加盟国の市民統合政策の在り方を規定することに成功していると言える。このため完全に加盟国中心の政府間協調でもなく，EU 諸機関が一律に政策を形成するでもない両者の微妙な均衡状態が表れているのが現状である。

4　結語——移民統合政策の現状と人の国際移動管理への示唆

　以上から，現在の EU 移民統合政策を単に政府間主義の視角からのみ捉えることは誤りであろう。リスボン条約以前には確かに EU 指令による「権利付与を通じた統合」から各国中心の「権利の前提としての統合」への移行が見られ，これに並行して多くの加盟国で市民統合の導入が進展したことから見ても，この構造自体にリスボン条約が変化をもたらしたとはいえない。しかしながら，リスボン条約で導入された理事会での特定多数決にも助けられ，これまでに単一許可指令のみならず季節労働者指令（2014/36/EU）と企業内転勤者指令（2014/66/EU）とが採択されたことで正規移民に関する指令はほぼ出揃いつつあり，しかもその権利の規定を根拠として裁判所が加盟国へ影響を及ぼすことが可能となっているため「権利付与を通じた統合」の重みは再び増している。その実例は先に見た家族再結合指令や長期居住者指令を手掛かりとする裁判所判例と，その加盟国の統合制度・市民統合政策へのインパクトに見出すことが出来るだろう。

　これらの統合政策の発展は単に各国内部での移民への権利付与のみならず，EU 内外での移民の国際移動にも影響を及ぼしている。EU 内部で移民の受入れ・国際移動の許可が第一に各国の権限に属することは間違いがないとはい

第1部　EUにおける人の国際移動

え，加盟国に完全な裁量が残されているわけではない。既に見た通り，家族呼寄せにおいては統合措置をはじめとする様々な制度へEUの監視がなされるようになっており，また当初草案に比較すれば一定の裁量を加盟国に残したとはいえ，長期居住者指令はやはり一定程度国境横断的な市民権を実現したと評価できる。この意味でEUは加盟国における移民の移動管理の在り方を徐々に変容させている。

　ブルーカード指令などその後の移民政策の発展を含めて考えるならば，EUには多様な移民の地位に応じ，非常に可変的で差異化された境界が出現しつつあると言える。例えばブルーカード指令が高度技能労働者に帯同する家族には統合措置を緩和するなど通常の家族移民に比べて相当の優遇を認め，国際移動を促している他，新たに採択された企業内転勤者指令は180日内で90日間の移動を許すシェンゲン空間とは別個の原理に基づく，より柔軟な移動空間をEU内に創設するものであり，国際移動の在り方を含め，移民に付与される権利はその類型ごとに大きく差異化されている。現在，EUはこうした域外・域内での多元的な境界を整える途上にあり，主権国家・民主主義における閉鎖の要請と，経済的必要や法による人々の権利保護のための開放の要請とを如何にして調停するか，その最良の均衡点を探り当てるための実践の最中にある[9]。この観点から顧みれば，移民の統合度と移民の権利とを関連付け，均衡させようとする市民統合政策の導入もまた，そのメルクマールを探求するひとつの試みであると言えるかも知れない。

注
1 ）　EU市民権の展開については中村（2012）参照。
2 ）　本稿では割愛したが，アムステルダム条約以前の1970年代に端を発する共通移民政策や種々の政府間協調の取組みについては本書第1章の岡部論文及び岡部（2013）を参照。
3 ）　移行期間中，移民・難民政策において委員会は法案提出権を加盟国と共有し，理事会での全会一致も維持されると共に，欧州議会の役割も原則的に諮問に留まった。欧州司法裁判所の管轄権は認められたが，加盟国は先決裁定付託の権限を最終審に限ることが許されたため，その役割はやはり大きく限定された。移行期間後，理事会は特定多数決と共同決定に合意したが，正規移民と家族法はその例外とされたため，これらの分野ではリスボン条約発効まで上述の制度が継続した。

74

第 5 章　EU 移民統合政策の生成と展開

4）　両指令の交渉過程については Roos（2013）参照。

5）　長期居住者指令について，より詳細な分析として土谷（2005）を参照。

6）　統合要件と統合措置については指令で明確な定義がなされず，その差異自体が論争の的である。しかし欧州委員会は近年，統合措置では言語講習・統合講習への参加など申請者の統合への意欲を示す努力が求められるとして（COM（2014）210 final），それを超え言語試験通過等を条件として課す統合要件と区別した。

7）　統合政策におけるこの緩やかな政策協調につき，小山（2015）が参考となる。

8）　以下，加盟国の市民統合政策へ及ぼす EU の影響力については，佐藤（2015）。

9）　国家が国境の閉鎖と開放という矛盾する要請－「自由主義の逆説」－に囚われているとして，EU にその一定の解決を見出す見解としてホリフィールド（本書第11章）参照。また EU 移民政策に人権と民主主義の対立を調停するコスモポリタンな政策原理を見出そうとする，注目すべき試みとして Thym（2013）参照。

参考文献

Bonjour, Saskia and Vink, Maarten（2013）"When Europeanization backfires," *Acta Politica*, 48, pp. 389-407.

Roos, Christof（2013）*The EU and Immigration Policies : Cracks in the Walls of Fortress Europe ?*, Palgrave Macmillan.

Thym, Daniel（2013）"EU Migration Policy and Its Constitutional Rationale : A Cosmopolitan Outlook," *Common Market Law Review*, 50, pp. 709-736.

岡部みどり（2013）「シェンゲン規範の誕生――国境開放をめぐるヨーロッパの国際関係」『上智法学論集』57巻 1 - 2 （合併）号，41-61頁。

小山晶子（2015）「非 EU 市民の受け入れ方―― EU の移民統合政策が進める第三国国民の同化と排除」臼井陽一郎編『EU の規範政治――グローバルヨーロッパの理想と現実』ナカニシヤ出版。

佐藤俊輔（2012）「欧州における市民統合法制の現在」『比較法学』46巻 1 号，97-129頁。

―――（2015）「EU における移民統合モデルの収斂？――「市民統合」政策を事例として」『日本 EU 学会年報』35号，183-203頁。

土谷岳史（2005）「EU と民主的シティズンシップ――第三国国民の包摂を中心に」『日本 EU 学会年報』25号，244-266頁。

中村民雄（2012）「判例にみる EU 市民権の現在――移動市民の権利から居住市民の権利へ？」『日本 EU 学会年報』32号，135-157頁。

第 2 部

人の国際移動をめぐる政治
──EU 加盟国における動向

第 6 章

イギリス
——政策の脱政治化と政治問題化のなかの EU 域内移民

若松　邦弘

1　労働力としての EU 域内移民

　本章では入国管理を巡るイギリスの政治を，2000年代の EU 東方拡大に伴う動きを中心に概観する。欧州統合とイギリスの入管政策の関係は 3 つの契機を経ながら発展してきた。まずはイギリスの EC 加盟である。EEC の「労働者の自由移動」原則は，イギリスから見ると，EC 諸国国民の就労のための入国を外国人に適用される労働許可制度の枠外に置くものであった。EEC への加盟を初めて申請した1961年当時，イギリスは自国の労働市場を EEC 諸国の労働者に開放することに消極的であった。イギリスにとって EEC 参加は通商面のメリットを念頭においたもので，労働者の移動は重視しておらず，むしろイタリアなどから大量流入が生じることを懸念していた（Werner 1993 : 79）。この危惧は加盟実現までに後退したものの，当時の議会答弁では，必要に応じ移動の規制は可能との立場が政府から強調されている。また旧帝国とのバランスもあった。EC 国民と英連邦の市民がイギリスの労働市場で競合した場合，前者が優遇されうることへの不満が国内の一部から示されていた（Meade 1970 : 69）。

　第 2 の契機は1990年代初めの市場統合完成である。「労働者」に替わり自由移動の対象とされた「人」との概念に第三国の国民も含まれるかを巡り，解釈の違いが表面化する（Wakamatsu 1997 : 17-18）。この変更を EC 委員会は各国が相互での入国審査を廃止する根拠ととらえたが，イギリスを含む数カ国は各

第 2 部　人の国際移動をめぐる政治

国の入国審査に影響しないとの立場であった。このため現在でも，物理的に国内同様の往来が可能で「シェンゲンランド」と呼ばれるシェンゲン圏と EU の領域とは一致せず，「シェンゲンランド」外にあるイギリスは自由な入国を EU 国民にしか認めていない。イギリス入国時の審査ゲートでは，EU 国民であることを確認すべく，今も身分証の検査がある。イギリス対岸のフランス・カレーで繰り返される第三国国民のイギリス「密航」を巡る騒動では，しばしばこの点での英仏の温度差が浮き彫りになる。

　2004年以降の EU 東方拡大は第 3 の契機である。多くの既存 EU 加盟国が新規加盟国（A8諸国）国民への労働市場開放を最大 7 年間遅らせることを決めるなか，イギリスはアイルランド，スウェーデンとともに即時の開放を実施した。

　ここから導かれる本章の検討ポイントは以下の 3 つである。1 ）なぜイギリスは2004年に労働市場を即時開放したのか，2 ）その開放は，反移民の新興勢力である連合王国独立党（UKIP）のこの時期の台頭に影響を与えたか，そして，3 ）2010年の政権交代は EU 域内移民へのイギリス政府の施策にいかなる影響を与えたかである。以下ではこれらを順次検討する。

2　脱政治化の試み──なぜ2004年に制限を維持しなかったのか？

1　経済移民再開のなかの EU 域内移民

　労働市場の即時開放には，背景として1997年からの労働党ブレア政権下で本格化していた労働移民の受入れがある。当時イギリスでは，IT 技術の急伸で激化していた国際的な人材獲得競争のもと，移民導入に積極的な姿勢がとられていた。これは1971年からの現行入管制度の下では初めての受入れ緩和であり，歴史的な政策転換であった。現行の入管制度は国外からの人の流入に対する当時の国内の懸念を背景に整備されたものであり，基本的に移民を規制する方向で運用されてきた。これに対しブレア政権の政策は，世論の懸念となっていた庇護申請者の受入れには厳しい姿勢を維持する一方，ドイツとともに他国に先行していた高度技能移民の獲得ではその受入れをさらに推進するものとなった。

その代表的な施策は，労働許可制度の基準緩和（就業経験要件の撤廃など，2000年）と「高度技能移民プログラム」の導入（2001年）である。これらは，既存の「季節農業労働者スキーム」や求人が逼迫しているセクター向けに新設された「セクター別スキーム」（2003年）（食品加工や宿泊・給食業など）など，低熟練技能移民を念頭に置いた数量割当型の枠組とともに運用された。

このように施策はイギリス福祉国家への移民の経済的貢献を期待したものである。そして高度技能と低熟練技能を区分し，後者ではセクター別の運用がなされた点からも，自由な開放というよりは，イギリス国内の各産業の需要に基づく，あくまでも労働力の人為的な管理，別言すれば，管理された移民（controlled immigration）を意図していた。

移民の経済的メリットを強調し，経済政策の観点から入国管理を運用するこの姿勢は，「ニューレーバー」に特徴的な，政策経営・政策工学志向の証拠に基づく政策（evidence based policy）といった考え方にも適合的であった。経済的論理を「専門知」（Boswell 2009）に基づく「合理的」な政策と見る同党の姿勢は，移民への国内の懸念をもとにポピュリスト的な配慮が先に立ってきた保守党のそれとの対比において，政策の「脱政治化」をアピールする形での差別化を企図したものと理解できよう。

EU新規加盟国への労働市場開放はこの労働力調達の文脈のなかで行われている。即時の開放は，イギリス内務省がユーニバーシティカレッジロンドンの経済学者，ダストマン（Christian Dustmann）に委託した検討報告書 *The Impact of EU Enlargement on Migration Flows* が主たる根拠になっているとされる（BBC 2013）。

市場開放後，イギリスにおける16歳以上のA8国民人口は2005年夏の時点で24万5000と，開放前（2003年春に11万）の倍に増えている（全国統計局労働力調査）。また2004年4月以降の18カ月間に29万3000人の労働者登録（A8の労働者がイギリスで社会保障の対象となるための登録制度）があり，国籍別ではポーランドが58％と過半数を占め，以下リトアニア14％，スロバキア11％と続いた（Gilpin *et al.* 2006：12-14）。

参入は低熟練技能職に顕著である。開放前，季節農業労働者スキームによる

受入れは，ポーランドが25％，ウクライナ20％，バルト3国が合わせて18％を占め（2002年の1万9372件を対象），同じくセクター別スキームはウクライナ24％，ポーランド18％，スロバキア13％，チェコ11％と（2003年5月30日〜8月6日の2559件を対象），旧ロシア・東欧圏からの流入がもともと多くを占めていた（Clarke and Salt 2003：573）。労働市場の開放は，このなかでEUに加盟した国についてイギリスでの就労規制を撤廃するとの形であった。実際に，開放後も多くがいわゆる出稼ぎのパターンであり，ポーランド人を中心に一定期間後に帰国した者は少なくないとされる（BBC 2009）。経済危機後の2009年にはA8諸国国民のイギリスからの出国が入国を上回るなど，短期の労働力としての性格を伺うことができる。

　流入の規模については，ダストマンの報告書ではA8諸国から年5000人〜1万3000人程度の純流入が予想されていた。しかし開放後，波はありつつも拡大傾向が続き，1年単位でのピークとなった2007年第4四半期までの12カ月には流入が11万人，出国を差し引いた純流入で8万人に達した（全国統計局移民統計）。政策自体は先述のとおり移民の管理を意図していた。A8諸国は制度上その枠外であるものの，流入数の予想外に大幅な超過は看過できないものであった。ドイツを含むいくつかの他国も労働市場を即時開放すると想定していたことが，見通しの外れた主因とされている（BBC 2013）。

2　低技能労働への誘導と制度化の進行

　移民規制の緩和によって，2000年代はイギリスにとって歴史的な人の大量流入期となった。規模は順次拡大し，2004年以降，年に50万人，純流入で20万人前後の入国が続く。この事態を受け，労働党政権は就労目的の入国を絞り込む方向へとその姿勢を修正していく。高度技能移民向けには選抜のためのポイント制を整備する，そして低熟練技能職はEU域内の労働者で賄うとの方向性（2005年2月の政府白書 *Controlling Our Borders*）である。

　この方向性は2005年の総選挙後，それまでパッチワーク的に修正されてきた労働移民に関わる諸制度を整理するなかで推進された。2006年になされた変更は，EU外からの就労を資格や職種等に応じ付与されるポイントを基礎に審査

第6章　イギリス

するものに一新し，ここに従来の労働許可制度や高度技能移民プログラムも統合される。整備されたポイント制度 Point Based System（PBS）は，新設の移民諮問委員会 Migration Advisory Committee（MAC）（エコノミストから成り，移民行政について政府に助言）のもと専門的知見活用の制度化を意図している。この PBS/MAC 体制は，専門の第三者機関による監視との「脱政治化」を入管分野に直接持ち込んだものと理解できよう。

また低熟練技能移民の絞り込みを受け，2007年に EU に加盟したルーマニアとブルガリア（A2諸国）の国民に対しては労働市場の開放が延期され，そのイギリスでの就労には非 EU 国民と同様の措置が当面継続されることとなった。

3　「移民」の政治問題化——移民は UKIP の台頭に影響したか？

1　移民イシューへの注目

イギリスで「移民 immigration」という概念が注目されるようになったのは，近年では2000年代に入ってからである。メディアにおけるこの語の使用は，1980年代以降も欧州外からの流入が活発であった南欧諸国では珍しくなかったものの，ヨーロッパの北部諸国では，1970年代以降あまり一般的でなかった（若松 2012：12）。この間，イギリスのメディアや世論がとりあげてきたのは「偽装難民 bogus asylum」との存在であり，また社会統合に関しては，「パキスタン系」や「シーク」，「イスラム」といった具体的な民族・宗派名を用いて示される存在であった。イギリスでこれらを批判的にスケープゴートとする手法は「人種 race カード」と呼ばれ，政治家が有権者の支持調達にしばしば用いる手である。

そのような経緯もあり，近年の「移民」を巡るイギリスでの政治議論には，人種カードのもつ「嫌らしさ nastiness」を回避しながらイギリスへの流入を批判する姿勢が見られる。民族，宗教といった「人」への攻撃は巧妙に避けつつ，流入という抽象的な「数」をやり玉にあげる姿勢であり，モラルの境界を意識したものである。この姿勢は与野党を問わず，近年，イギリスの政党に広く見られるようになっている。

83

第2部　人の国際移動をめぐる政治

　2000年代に入る頃から「移民」は注目の度を増し，Ipsos MORIの世論調査では，イギリスにとって重要な問題（設問では「人種関係・移民」）と考える人の割合は1990年代に10％未満で推移していたのが，2000年以降年々右肩上がりで上昇，金融危機前の2006年から2008年にかけてはしばしば40％を超える水準となった。この間イギリスへの移民流入数は1990年代の年30万程度が2000年代半ばには50万台後半へ，純流入数もゼロ〜数万が20万前後へと拡大した。

　これらの環境変化を積極的に利用したのは当時の野党，保守党である。移民や民族・人種問題の規制は伝統的に世論が同党の政治姿勢を支持する政策分野であり，2005年の総選挙の際には，難民申請を標的として，その数の抑制，そしてジュネーブ難民条約からの離脱が主張された。これに対し，与党の労働党は労働移民をとりあげて，先述のとおり従来の軌道を修正し，ポイント制の導入や低熟練移民の削減など流入の規制ないし厳格化を有権者に示唆した。この転換には労働党政権が当時，イラク派兵を巡り国内政治で守勢に回っており，労働者層を中心とする伝統的な支持層の維持を優先せざるをえなかったことも理由にあげられよう。とくに急進的に反移民を掲げる英国国民党（BNP）がそのような層を切り崩す傾向は2001年ごろから顕著となっており（力久 2011：39-42, 48：島田 2015：252-254），労働党にとってイングランド北部の都市圏やロンドン東郊などの接戦区における票の目減りは懸念材料であった（Geddes 2005：289-290, 292）。イラク戦争が最大の争点であった2005年総選挙は，「移民」イシューも重視された選挙となったのである。

　他方でEU移民については，それだけを「移民」のなかから切り離した議論はあまり見られなかった。市場開放から少し経った2006年前後の新聞メディアでは，予想外の流入に対する地域社会の動揺も一部とりあげられていたものの，総じて言えば，ポーランド人は勤勉であり，イギリス人がつきたがらない職を埋め，一時的な労働力としてイギリスの経済に貢献しているとの好意的論調が少なくなかった（Drzewiecka *et al.* 2014：6-7）。他方でインタビュー調査では，以前からイギリスに住んでいたポーランド人の証言として，2004年以降の流入拡大とそれによる地区の人口構成の急速な変化に伴って，自身への周りの視線が厳しくなってきたことを感じているとの声も紹介されている（Dawney

2008：8）。このように東欧からの移民への懸念も生じつつあり，A2諸国のEU加盟直前はメディアでも労働市場開放がもたらす失業増の懸念が先行していた（Drzewiecka *et al.* 2014：11）。とくにルーマニア人についてはロマへの差別的な連想を絡めた報道もなされた（Fox *et al.* 2012：688-690）。政府による労働市場開放の延期はこのようなメディアの論調変化と軌を一にしている。

2　UKIPと移民イシュー

　今日移民制限派の代表的な政党であるUKIPは，2000年代半ば以降の欧州議会選での躍進により注目されるようになった政党である。もともとはマーストリヒト条約の国内批准を巡る混乱の時期に結成（1993年）された反EUの泡沫政党であったが（渡辺 2010：175-198），2010年ごろまでにはメディアでもイギリス政治の主要3政党に準じた扱いがなされるようになった。

　同党の反移民カラーは，結党時からの反EUと異なり，勢力拡大期の2000年代後半に強まったものである（従来，反移民の看板はBNPの専売特許との見方が多かった）。同党は2009年の欧州議会選で労働党を凌ぎ，保守党に次ぐイギリスの第2勢力へと躍進したが（得票率16.5%，13議席），複数の調査が，この選挙ではUKIPへの投票者にとり反移民との要素が重要であったことを示している（Lynch *et al.* 2012；Ford *et al.* 2012など）。

　しかし「移民」が早くからUKIPの支持調達に有効なイシューであったわけではない。移民の規制を強く主張し始めたのは2001年総選挙の後からである。これにはオランダでのフォルタイン（Pym Fortuyn）の成功が誘因との見方もなされている（Usherwood 2008：257-259）。この路線はしだいに強化され，2005年の総選挙では公約に移民の規制が入る。しかしこの時期に同党が移民に対する世論の関心の高まりを十分に利用できたとまでは言い難い（Ford and Goodwin 2014：64-65）。これについては，当時の政党間競争がUKIPに不利であったことを指摘できよう。先述のとおり保守党は「移民」を総選挙の争点に据えつつあり，またより急進的なBNPも，都市部の自治体選挙で支持を拡大しながら，2005年には，全ての移民の即時停止や定住移民の「自発的」な国外退去措置を公約していた。そのなかUKIPは幅広い層からの支持調達を念頭に（小

第2部　人の国際移動をめぐる政治

堀 2013：152）ファシズムや人種主義と一線を画していたものの，そのイメージは保守党と BNP に挟まれた後発勢力であり，独占しうる支持の空間を持たなかった。2004年欧州議会選挙の分析が示すように（Borisyuk *et al.* 2007），反移民は依然として BNP の代名詞であった。

反移民と UKIP が結びつく形で広く認識されていくのは概ね2005年以降となる。その過程では，流入規模や政治言説の点での急激な環境変化以外に，政治的な要素も影響したと考えられる。この時期は，保守党が政権奪還に必要な浮動票を獲得すべく，自らに染みついた「嫌らしさ」のイメージを払拭しようと，新党首キャメロン（David Cameron）のもとで人種や移民への言及を一時的に抑制した時期でもあった。反移民において保守党を支持してきた層には，これが UKIP を代替の選択肢と考える機会になったと考えられる。

2010年の総選挙では，EU 域内移民も党派間の差別化に利用された。移民に対する世論やメディアの懸念が続くなか，与党労働党は EU 域外からの低熟練技能移民の停止を，また野党保守党は低熟練技能移民の削減強化に加え，移民受入れ総数の上限設定を公約した。しかしいずれも EU 域内移民については特段の姿勢を示さず，保守党が，将来の EU 加盟国に移民の「暫定的な管理」を実施するとしただけであった。これに対し UKIP は，2004年以降イギリスに入った EU からの就労者を非 EU 移民と同様に扱うとしたのである（他に定住目的の移民を即時 5 年間停止，移民の入国数を 5 万に制限など）。既存の EU 市民の地位変更を含むその主張は，直接の選挙結果には結びつかなかったものの，2010年以後の EU 移民を巡る言説（後述）を先取りしたものとして注目される。

UKIP による EU 移民への言及は，イギリスの欧州懐疑の 1 図式として「反EU―農村―反移民」の結びつきを明瞭にした点からも注目される。UKIP による移民イシューの強調では，都市圏のみならず，新たに農村部でも生じつつあった移民への違和感が利用されている。同党への支持が伸長した地域は EU 移民の流入が顕著な地域と重なる。とくにイングランド東部・南部の農村部である。2004年 4 月から2005年 9 月の労働者登録の分析（Gilpin *et al.* 2006）によると，2004年以降の A8諸国からの労働者の就労先は，セクター別ではホテル・レストラン業が30％と一番多く，続いて，製造業28％，農漁業10％となる

ものの，各セクターの全就労者数に占める割合では農業が7％とずば抜けて高く，他は3％以下である。このため就労者数も，ロンドン（配送や宿泊・給食業が多い），ウェストウェールズ，イーストヨークシャー（製造業が多い）を除くと，他の地域では農業が最も多い。このように A8 諸国からの労働者は都市が中心の従来の移民と異なり，農村部にも流入している。「移民」の政治争点化は，一次産業に依存するゆえにもともと EU への批判が伏在する農村地帯を舞台に，流入の急増がもたらした地域社会の懸念を利用する形で生じているとの面をもつのである。

4　対 EU 政策との関係——2010年政権交代の影響は？

　2010年の総選挙後に成立した保守党と自民党の連立政権（キャメロン政権）は，PBS/MAC 体制を維持し，そのなかで移民数の削減を計る方向性を示す。

　保守党は2008年，2009年の地方議会選挙の躍進によって政権奪回を射程にとらえたものの，反移民の姿勢を強調しながら支持を伸ばし始めた UKIP の動向は懸念材料であった。対労働党で確保の目途が立った中道の浮動票だけでなく，選挙区の党活動家など UKIP への傾倒が見られ始めた右派の急進層についても取りこぼしを避ける必要があった。この点で，「嫌らしさ」のレッテルを UKIP に押し付けながら，幅広い人々の関心である「移民」には厳しい姿勢を示す必要があった。保守党にとって「移民」はこのように，選挙区の不満とナショナルなモラルとの間でジレンマを抱えたイシューであった。このため2010年の総選挙では，純流入数を年数万に抑えるとの姿勢を打ち出し，移民数の上限設定を公約するとともに，とくに世論の見方が厳しい低熟練技能移民の削減を主張したのである。

　成立した連立政権はこの保守党の公約に沿って，PBS における高度技能ならびに一般の技能移民を対象とする総量規制を導入，上限を2011年4月以降，月1500に設定した（2011年4月のみ4200）。また就労のみならず，数の上でこれを上回っている留学，さらに家族や定住権取得など，あらゆるカテゴリーについて入国につながる要件が引き上げられる。しかしこれらの規制策には財界の

第2部　人の国際移動をめぐる政治

みならず政府内にも批判があり，総量規制の検討過程ではビジネス相のケーブル（Vince Cable，自民党）から企業活動への悪影響が懸念として示された（*The Guardian* 2010）。これを受ける形で，企業内移動や学位取得直後の就職への規制は回避されることとなった。

EU域内移民は，政治問題化した「移民」イシューのなかで従来は付随的な性格が強かった。しかし連立政権期には政治的な重要性を拡大させている。これは，地方選挙や下院補選でのUKIPのさらなる伸長を背景に，与党保守党がEU残留を問う国民投票の実施を公約したことが大きい（2013年）。EU域内移民への対応は，対EU政策が重要な政治争点となっていくなか，EUイシューとして従来と異なる文脈で注目を増したのである（木畑 2014：157）。2010年代半ばには純流入数ベースで非EU移民とほぼ同じ規模でありながら，PBSの枠外ゆえに流入の規制は難しいとの点が改めて指摘されるようになっている。

この文脈から，2015年総選挙を挟んで，国民投票前のEUとの交渉課題の一つに，EU域内移動と関係する権限の一部を各国に戻すことが挙がっている。EU国民に対する社会保障給付や自治体による住宅提供の制限が軸である。EU域内移民はEUとの問題として再定義されている。

5　政党間競争のなかのEU域内移民

2004年のEU新規加盟国への労働市場の開放は，イギリスでの労働移民受入れ拡大との流れのなかで行われた。新規加盟国からの移民はそのなかで，国内で人手が不足している低技能労働を占めることを期待されるようになった。

労働移民受入れの全体は，当時政権与党であった労働党の趣向に沿って，政治的な駆け引きからの隔離を意識した運営が志向された。しかし大量の移民流入が，それに対する世論やメディアの懸念を背景に政治争点となっていくなか，EU移民についても国内労働力との競合が危惧されるようになる。入管政策の「脱政治化」は，労働党政権期，期待どおりには実現しなかった。

また，一連の政策のなかで労働移民全般から区別されて注目を浴びることの少なかったEU移民は，10年代に入ると，対EU政策の文脈で新たな政治的注

目を浴びるようになった。東欧からの流入を軸とする EU の域内移動に対する
イギリスの施策は，保守党・UKIP といった右派の政党を中心に，左派の労働
党も交えたイギリス政治の駆け引きのなかで展開しているのである。

参考文献

BBC（2009）"Recession Moves Migration Patterns," *BBC News*（online），8 September.

───（2013）"Prof Says His '13,000 EU Migrants' Report 'Misinterpreted'," *BBC News*（online），3 March.

Boswell, Christina（2009）*The Political Uses of Expert Knowledge : Immigration Policy and Social Research*, Cambridge : Cambridge University Press.

Borisyuk, Galina *et al.*（2007）"Voter Support for Minor Parties : Assessing the Social and Political Context of Voting at the 2004 European Elections in Greater London," *Party Politics*, 13(6), pp. 669-693.

Clarke, James, and Salt, John（2003）"Work Permits and Foreign Labour in the UK : A Statistical Review," *Labour Market Trends*, 111(11), pp. 563-574.

Dawney, Leila（2008）*Racialisation of Central and East European Migrants in Hereford-shire*, Working Paper No. 53, Falmer : Sussex Centre for Migration Research, University of Sussex.

Drzewiecka, Jolanta A. *et al.*（2014）"Rescaling the State and Disciplining Workers in Discourses on E. U. Polish Migration in U. K. Newspapers," *Critical Studies in Media Communication*, 31(5), pp. 410-425.

Ford, Robert, and Goodwin, Matthew（2014）*Revolt on the Right : Understanding Support for the Radical Right in Britain*, Abingdon : Routledge.

Ford, Robert *et al.*（2012）"Strategic Eurosceptics and Polite Xenophobes : Support for the United Kingdom Independence Party（UKIP）in the 2009 European Parliament Elections," *European Journal of Political Research*, 51(2), pp. 204-234.

Fox, Jon E. *et al.*（2012）"The Racialization of the New European Migration to the UK," *Sociology*, 46(4), pp. 680-695.

Geddes, Andrew（2005）"Nationalism : Immigration and European Integration at the 2005 Election," Geddes, Andrew, and Tonge, Jonathan eds., *Britain Decides : The UK General Election 2005*, Basingstoke : Palgrave, pp. 279-293.

Gilpin, Nicola *et al.*（2006）*The Impact of Free Movement of Workers from Central and Eastern Europe on the UK Labour Market*, Working Paper No. 29, London : Department for Work and Pensions.

The Guardian（2010）"Vince Cable : Migrant Cap is Hurting Economy," *The Guardian*, 17 September.

Lynch, Philip *et al.* (2012) "The UK Independence Party: Understanding a Niche Party's Strategy, Candidates and Supporters," *Parliamentary Affairs*, 65(4), pp. 733-757.

Meade, James E. (1970) *UK, Commonwealth and Common Market: A Reappraisal*, 3rd edition, Hobart Paper 17, London: Institute of Economic Affairs.

Usherwood, Simon (2008) "The Dilemmas of a Single-Issue Party: The UK Independence Party," *Representation*, 44(3), pp. 255-264.

Wakamatsu, Kunihiro (1997) *The Position of the British Government towards Harmonisation of European Immigration Policy*, Policy Paper No. 23, Coventry: Centre for Research in Ethnic Relations, University of Warwick.

Werner, Heinz (1993) "Migration Movements in the Perspective of the Single European Market," OECD ed., *The Changing Course of International Migration*, Paris: OECD, pp. 79-85.

木畑洋一 (2014)「"Brixit" への道?——21世紀初頭のイギリスと EU」『成城法学』83号, 139-159頁。

小堀眞裕 (2013)「イギリスのポピュリズム」高橋進・石田徹編『ポピュリズム時代のデモクラシー——ヨーロッパからの考察』法律文化社, 141-164頁。

島田幸典 (2015)「極右擡頭におけるイギリス〈例外主義〉の考察——英国国民党(BNP)をめぐって」『法学論叢』176巻5・6号, 236-265頁。

力久昌幸 (2011)「イギリス国民党の現代化プロジェクト——極右急進主義からナショナル・ポピュリズムへ」河原祐馬ほか編『移民と政治——ナショナル・ポピュリズムの国際比較』昭和堂, 26-56頁。

若松邦弘 (2012)「2000年代初めの西欧政治における政策志向性の変化——移民・難民をめぐる政策論争」『国際関係論叢』1巻2号, 1-42頁。

渡辺容一郎 (2010)『オポジションとヨーロッパ政治』北樹出版。

第7章

ドイツ
——人の移動と社会変容

森井　裕一

1　難民と労働力

　ドイツにおいて国境を越えた人の移動はいつの時代もドイツの国際的な位置と社会の変化を反映するものであった。統一前の19世紀には貧しいドイツから多くの移民が新大陸に渡っていった。20世紀にはナチに迫害された多くのユダヤ系ドイツ人がアメリカに移住していった。第二次世界大戦後は敗戦によって失われた旧東部地域から多くのドイツ人が避難民としてアメリカ，イギリス，フランスに占領された地域に移住した。そしてその西側占領地域に1949年に建国されたドイツ連邦共和国は，1950年代の奇跡の経済復興により労働力が逼迫したために労働力としての人を受け入れるようになった。時間の経過とともにドイツに定住するようになった移民は，ドイツにおける移民に対する制度変更をもたらし，社会の変化を促してきた。冷戦時代には東ドイツ（ドイツ民主共和国）からも多くのドイツ人が西ドイツ（連邦共和国）に脱出した。2000年の国籍法の改正は純粋な血統主義から踏み出して，出生地主義による国籍付与も一定の条件により認めている。また2005年に発効した移住法は，その議論の過程で移民の社会的な位置づけをめぐって政治的に大きな議論を引き起こした。

　一概に人の移動といっても，さまざまな要因があり，政治的にも社会的にも微妙な問題を含むものであるが，ドイツにおいて人の移動を議論する場合には，とりわけ難民とそれ以外の移民の問題が切り分けられるのかという特殊な問題が常に議論の対象となる。それはドイツ基本法（憲法）第16a条で難民庇

第2部　人の国際移動をめぐる政治

護の規定が定められており，この規定はナチの過去に向き合う戦後ドイツに
とっては極めて重要な規定であるためである。

　本章では人の移動をめぐるドイツ政治をまず基本法第16a条の規定と難民庇
護の関連で整理した上で，労働力としての人の移動と定住化に伴う社会変化の
問題を検討し，21世紀に入ってからのいくつかの法改正による移民政策の変容
を議論する。2015年には大量の難民流入がドイツにおいて大きな議論となった
が，EUの枠組みでの対応とドイツにおける議論の関係についても検討しなが
ら，人の移動とドイツ社会変化の行方を展望することとしたい。

2　基本法第16条と難民庇護原則

　基本法第16条はナチ時代への反省からその第1項でドイツ国籍を剥奪できな
いことと外国に引き渡されないことを規定し，1993年までは第2項で政治的に
迫害されているものは庇護権を有することを規定していた。この規定により政
治的に迫害されていると主張して庇護を申請すれば原則的には誰でも庇護審査
の対象となった。冷戦期には東側諸国からこの条項により西ドイツに庇護され
るものも多かった。1956年のハンガリー動乱，1968年のプラハの春，1981年の
ポーランド戒厳令施行などが代表的な事例である。冷戦期に庇護を認められた
ものはこれらの事件を除けば大きく増加することはなかったが，1980年代に入
ると国際情勢の変化によって多くの庇護申請者がドイツに流入するようになっ
た。そして冷戦の終焉と旧ユーゴスラビアでの内戦拡大による大量の庇護申請
者の流入は，ドイツ社会にとっても大きな負担となった。東西ドイツの統一に
より，旧東ドイツ地域の復興のための負担が増大したことや，体制移行した東
欧・旧ソ連地域から数十万規模のドイツ系住民が豊かなドイツを目指して移住
したことも経済的・社会的に重荷となった。

　この時期の難民庇護申請者が難民として認定される比率は5％前後であった
ため，政治難民として申請するものの多くが実際には経済的な豊かさをもとめ
てドイツに移住してくるにすぎないという批判も国内で多くなった。また実際
に難民として認定されなくても，難民条約の規定などから国外退去にできない

92

第 7 章 ドイツ

図表1　統一後ドイツの難民庇護申請者数（1990-2015）

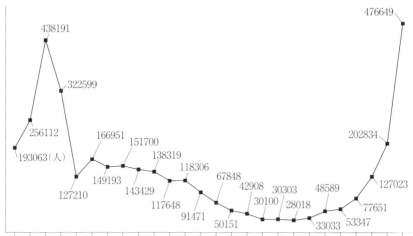

出典：ドイツ連邦難民移民庁（BAMF）統計より

事例も非常に多かった。この時期には極右勢力が社会的な不満に乗じて勢力を拡大し，また外国人排斥を訴える者による庇護申請者の住宅への放火などの犯罪も増加した。ナチ時代の反省に基づき政治的被迫害者の寛容な受入れ制度を長年にわたって運営してきたドイツであったが，年間の申請者が10万を超え，1992年には40万人を大きく超えると，事態は切迫化した。冷戦の終焉やヨーロッパ内での内戦の勃発という国際情勢の大きな変化と大量の人の移動は，理想的な規定の運用を現実に即して修正しなければ，社会的に運用が不可能なレベルに達したのであった（森井 2007：89-93）。

基本法の改正には国会である連邦議会と連邦参議院のそれぞれで3分の2以上の賛成が必要であるが，政権を担っていた保守系のキリスト教民主同盟・社会同盟（CDU/CSU）のみならず，野党の社会民主党（SPD）でも次第に基本法改正の必要性が認識された。1993年5月の改正によりそれまでの第16条2項の代わりに第16条とは別に第16a条が規定された。政治的迫害を受けているものに対する庇護の原則は変更されなかったものの，庇護申請できる条件を最初から厳格化することで，認定される見込みのない申請を排除する制度へと変更さ

れた。第16a条では，政治的に迫害されている者が庇護権を有することを規定した上で，第2項以下でEU構成国や難民条約を締結しているなど「安全な第3国」から入国した者を庇護申請の対象者から除外している。法律で庇護権を認める必要のない国を規定することも定められている。この規定が導入されたことによって，認定される可能性が少ないとわかっていながら庇護申請をするものの数が減り，1994年以降難民庇護申請者数は大きく減少した。

この基本法改正に合わせて，その他の外国人関連法も改正された。東欧からのドイツ系帰還者の扱いの変更や，外国人に関連する諸法律の改正も合意された。また帰化手続きもより柔軟に改正されたことから，その後ドイツに帰化する人数が増加した（佐藤 2014：305）。

第5節で検討するように，2013年から庇護申請者数が再び急増している。これも1990年代初頭と同様に国際環境の変化によるものである。ドイツ統一から25年を経て難民の庇護問題は再び政治化した。当時と異なり，EUレベルにおける難民問題への対処の制度枠組みが大きな比重を占めていることが重要なポイントとなっている。

3　移民の社会統合と共生をめぐる議論

難民庇護とならんで，ドイツにおける人の移動をめぐるもう一つの重要な課題は，外国からの労働力の受入と，その社会統合の問題である。戦後の経済復興に伴い労働力が不足するようになるとドイツは1950年代半ばから南欧諸国からの外国人労働者を受入れるが，1961年の協定によりトルコからの労働者を受け入れるようになった。トルコからの労働力は石油危機後に受入れが停止されたが，その時点までにドイツには外国籍の住民がおよそ6％，400万人存在していた。

1979年に連邦政府外国人問題担当官で元ノルトライン・ヴェストファーレン州首相のキューンによって発表された「キューン覚書」と呼ばれる報告書では，既にドイツの外国人労働者（ガストアルバイター）は，仕事がなくなったら帰国を求められる労働力ではなく，ドイツで暮らす移民となっており，この人の移

動が不可逆的なドイツ社会の変化をもたらしていること、そしてそのために外国人を単なる労働力ではなく社会統合の対象とみなさなければならないという認識を示していた（森井 2007：86）。「キューン覚書」の考え方は、人の移動を一時的な労働市場の問題ととらえていたドイツの移民政策に対して、構造的な社会変化をもたらす社会変容の問題として認識し直すことを求めており、外国人労働者の家族など第二世代以降の世代も視野に入れた社会統合政策を求めるものであった。

　その後1982年にコール首相率いる CDU/CSU と自由民主党（FDP）による保守中道の政権が誕生すると、1983年に「外国人帰国促進法」が発効し、外国人労働者に対する政策は社会統合を進める一方で、経済的なインセンティブをつけて帰国を促す政策も展開された。しかしこの政策によって帰国者が大きく増加することはなく、前節で紹介した庇護申請者が同時期に大きく増加したことから、外国人問題は常に政治的議論の中心となっていた。

　1990年10月のドイツ統一により、従来はわずかなベトナムからの労働者を例外として外国人が少なかった東ドイツが統一ドイツの一部となった。それまで外国人と接触、共生する機会が少なく、また同時に産業構造の問題から失業率が高く、社会的な不満を抱くものも多かった旧東ドイツ地域では、外国人排斥的な事件も多く発生した。前節で見た基本法第16a条によって、庇護申請者は減少したが、コール政権下では外国籍住民の社会統合に対する抜本的な対応はなされなかった。

　1998年秋に SPD と緑の党の連立により誕生したシュレーダー政権は、コール保守系政権よりもリベラルな政策をとり、移民の社会統合に対してもより積極的な政策を展開した。その代表的な成果である2000年の国籍法の改正は、ドイツで出生した外国籍住民の子供に、長期間親がドイツで合法的に暮らしてきたなど一定の条件の下で、ドイツ国籍を取得させ、成人後にみずから国籍を選択するまで二重国籍を許容させるものであった。これは国籍を後に選択させることから一般に「オプション・モデル」と呼ばれる方法である。シュレーダー政権は成人後の国籍の選択ではなく、二重国籍を生涯にわたって許容しようとしたが、CDU/CSU の強い反対もあり法律を改正するためには成人後の選択制

第 2 部　人の国際移動をめぐる政治

で妥協しなければならなかった。それでもドイツの国籍法が純粋な血統主義から出生地主義を一つのオプションとしたことは，ドイツ社会の構成員は誰かという問いに対して従来と異なる原則を導入したのであり，その含意は非常に大きかったと言えよう。

　シュレーダー政権はドイツにおける移民問題に抜本的な対応をするために，移民問題を議論する諮問委員会を設置し，CDU 内でもリベラルとして知られるジュースムート前連邦議会議長を議長とした。この委員会は「移住」に関する報告書を提出し，この報告書に基づいて新たな移民に関する法律「移住法」が制定された。[1] この法律の制定過程は非常に政治化し，与野党の間で激しい議論があったが，2005 年 1 月から「移住の管理及び制限ならびに連合市民及び外国人の滞在及び統合に関する法律」は発効した。この法律は EU の他の構成国の国民のドイツにおける地位も含めて規定し，滞在，就労，社会統合まで規定されている。この法律は長年にわたって問題とされてきた分節化された外国人の地位に関する規定を統合して規定し，ドイツ語教育によるドイツ社会への統合を支持すると同時に，テロや犯罪を行う外国人については治安の観点から国外退去させる規定も設けるなど，社会の変化に即して人の移動をめぐる対応を規定し直す改革であったと言えよう（森井 2007：104）。

　シュレーダー政権によるこれらの改革の過程で，多文化共生社会と称して外国人との共生を理念型とするリベラルなイメージと，ドイツは伝統的なドイツ文化と基本法に規定された自由と民主主義の価値（主導文化）を中心とする社会であり続けるべきであるとする保守的なイメージが対立した。つまり，外国からの人の移動と国内での定住により，ドイツ社会は入ってきた人が持ち込んだ価値観や文化をそのままにして共生する社会となるべきなのか，ドイツ語とドイツ文化を前提とした社会のままであるべきなのかという議論である。主導文化論争にしても，基本法が規定する価値は人権や民主主義であり，その点では普遍的なものである。一部の過激なイスラム原理主義集団がドイツ国内で地下社会を形成し，反社会的な活動を行うような事例も見られたことから，多文化共生といってもドイツの法制度の中で当然に限度は存在するという議論も次第に収斂していった（森井 2007：105）。

第7章 ドイツ

　2005年の移住法によるドイツ語教育を移民に導入する「統合コース」の設置
は，ドイツ社会への統合に一歩踏み出すものであり，この点においても社会変
化の現実に即して CDU/CSU と SPD は妥協を図っていったとも言えよう。こ
の時期には州政府から構成される連邦参議院では CDU/CSU が多数を占めて
おり，連邦議会で多数をもつ SPD と緑の党だけでは連邦参議院の同意を必要
とする法律は成立し得ないという背景もあった。2005年秋に発足したメルケル
政権は CDU/CSU と SPD による大連立政権であった。新法の制定過程では労
働市場政策の観点から移民をより積極的に受け入れる方向への議論もあった
が，CDU/CSU に対する配慮もあり，法律の改正後も移民をめぐる議論に構造
的な変化は見られなかった。

4　EU の中のドイツ

　ポーランドをはじめとして中東欧10カ国が2004年に EU に加盟し，さらに
2007年にルーマニアとブルガリアが EU に加盟したことは，ドイツにおける人
の移動問題にも大きな影響を与えた。キプロスとマルタを除くこれらの新規加
盟国は，労働力としての人の自由移動について移行期間が設定されたので，
EU 加盟と同時に人の移動にすぐに大きな変化が生じたわけではない。しかし
EU の中東欧拡大から約10年が経過し，移行期間も終了した。ドイツから見て
中東欧への拡大がどのような変化をもたらしたのかを検討しておこう。
　ドイツ内務相が連邦議会に報告するために毎年発行している『人の移動に関
する報告書』の2013年度版によれば，EU のうちドイツを除く旧構成国の国籍
を有する住民が外国籍の市民に占める比率は23.3％であり，2004年以後の新規
加盟国国籍者の比率は20.7％で，全外国籍者の44％を占めている（Bundesminis-
terium des Innern 2015：153）。このうちポーランドからの移動が約19万7千人
と最も大きいが，ポーランドはドイツにとって EU 加盟前の1996年から変わら
ず最大の送り出し国である。ポーランドからの人の移動の特徴は，その増加傾
向が継続していることである。また2007年に EU に加盟したルーマニアとブル
ガリアからの人の移動も増加傾向を示しており，加盟以前と比較するとルーマ

97

第2部　人の国際移動をめぐる政治

ニアの場合には約 6 倍（約13万 5 千人），ブルガリアでは約 8 倍（約 6 万人）となっていた（Bundesministerium des Innern 2015：8）。人の移動としては大きな数であるが，EU 市民の場合にはドイツで大きく政治化したことはこれまでになく，問題とはなっていない。

　ドイツにおいて移民問題ないし外国人問題が政治化して議論されるのは，労働市場との関係において議論される場合と難民の場合である。ドイツは2004年の中東欧への拡大にあたって，EU 構成国がそれぞれの事情に応じて新規加盟国からの労働力の自由移動を 2 年，3 年，2 年という段階ごとに見直しを行いながら自由移動制限を許容する「2＋3＋2 モデル」の適用をおこなった。見直し時に一部の制約解除はしたものの，国内の労働市場が奪われる懸念に配慮して最終期限の2011年春まで労働力の自由移動制限を行った。しかし実際には懸念された混乱をもたらすような労働力の流入は起きなかった（Baas, Timo und Herbert Brücker 2011）。EU における労働力の自由移動は，少なくともギリシャ危機の前まで実際には大規模には起きておらず，これは1980年代の南への拡大でもあてはまったし，また2004年の中東欧への拡大でも同様であった。

　このように EU との関係でみると，労働力としての人の自由移動については2007年のルーマニアとブルガリアの加盟とその移行期間が2014年に終了した後も，ドイツでは大きく政治化することはなかった。2013年 7 月のクロアチアのEU 加盟に際してもドイツはこの「2＋3＋2 モデル」を適用している。長年にわたってドイツでは失業率が高止まりし，厳しい労働市場改革に取り組んでいたこともあって，安価な労働力の流入には政治的な抵抗が大きかった。そのために中東欧からの EU 市民としての労働力の流入にも慎重であった。しかし危惧されたような事態には至らず，またドイツ経済がリーマンショックから立ち直り，安いユーロの恩恵を受けて輸出産業を中心として経済が活性化し，ドイツ統一後最も失業率が低下する状況もあって，EU 市民の労働力としての人の移動が政治化する状況はさらに想定し難くなっている。

　労働市場の状況が大幅に改善したドイツにとっては，良質な労働力が不足していることもあって，労働力としての移民受け入れ議論が再び盛んになっている。高度技能を有する高度専門技術者を受け入れることを EU レベルで規定し

た EU「ブルーカード指令」(2009/50/EC) もドイツでは2012年8月に国内法化されている。もっとも，この指令によりドイツに入国した EU 域外からの労働者は毎年数千人レベルにとどまっており，実際には EU 構成国からの労働力が数の上では圧倒的に重要な比重を占めている。この EU 構成国からの移動を移民として数えると，OECD の統計が示すようにドイツは既に2013年に42万9千人移民が増加しており，アメリカに次ぐ移民受入国となっている。[3]

　労働市場の状況が大幅に改善し，ギリシャ危機にもかかわらずマクロ経済が非常に好調なドイツにおいては，移民をめぐる政治的な議論が2005年の移住法の改正時点とは非常に異なってきている。少子高齢化の進行により国内で高齢者や女性を労働力として最大限雇用しても，なお不足する労働力が生じること，また同時に他の EU 構成国からの移民のみでは不足する労働力をカバーしきれないことも指摘されるようになっている。例えば，ベアテルスマン財団がドイツ労働市場職業研究所に委託した調査では，ベビーブーム世代の退職後の労働力不足は EU 域内だけでは賄えず，EU 外の第三国からの移民が不可欠であることを指摘している (Fuchs *et al.* 2015 : 72-77)。

5　2015年の難民の急増とドイツ政治

　メルケル首相は2015年6月に開催された市民対話集会で，ドイツは既に移民受入国 (Einwanderungsland) であると発言し，大きく報道された。[4]第3節でも見てきたように，国籍法の改正から象徴的に始まったドイツでの外国からの人の受入をめぐる議論の中で，首相が公然と移民受入国という表現を使ったことはそれまでにはなかった。さらに興味深いことは，発言そのものはニュースになったものの，それが大きな政治的な問題となることなく，ついに保守系 CDU 党首でもあるメルケル首相も多くの人々が認識していた事態をはっきりと表現したととらえられたことであった。この背景には，好況の継続による国内での人材不足の問題と南欧の経済危機による多数の EU 市民のドイツへの移住によって，過去数年間に移民問題をめぐる国内での議論の背景が変化し続けてきたこともあげられよう。

第2部　人の国際移動をめぐる政治

　2013年から2015年にかけて，いわゆる「アラブの春」によって不安定化した北アフリカおよび中東から多くの難民がEUを目指し，ドイツでも庇護申請するものの数が大幅に増加していた。当初は北アフリカに近いイタリア領のランペドゥーザ島に難民が殺到したり，ギリシャに多くの難民が押し寄せたりしていたが，2015年夏になるとバルカン半島を経てハンガリーに多数の難民が押し寄せた。この過程でドイツはEU対外国境管理協力機関（FRONTEX）を通じて，財政面での支援を当該国に行ってきた。しかしFRONTEXの能力にも限界があり，2015年には大量の難民の流入に対応しきれない状況となった。

　EUの難民の扱いに関するダブリン規則によれば，難民が最初にEUに入国したEU構成国が責任を持って人の登録を行い，難民認定審査をすることになっているが，急激に多数の難民が押し寄せたことから，ハンガリー当局の対応能力を超えてしまった。そのためブダペスト中央駅に難民，とりわけシリアの内戦を逃れてきた戦争避難民が登録されないまま多数滞留した。またこれらの難民は寛容な受入政策をとっているドイツへの入国を希望していた。メルケル政権はこれらの難民がドイツに入国することを認めたため，ハンガリー政府はEUダブリン規則の運用に反して難民を通過させたのであった。

　難民の多くはシリアの内戦を逃れてきたものが多く，ドイツの難民庇護政策からすれば庇護の対象となるものが多いとしても，ダブリン規則の運用外で人を受け入れることはあくまでも難民のおかれた状況が非人道的なものであったためであり，緊急避難的な臨時の対応であった。しかしそれでも，ドイツが難民を受け入れると認識した多くの難民は一層ドイツに向けて殺到することとなった。

　メルケル首相は記者会見において，2015年中に80万人がドイツに庇護を求めて入国してくると予測されていることを指摘し，基本法が規定する政治的な庇護と人間の尊厳の原則は守られなければならないこと，同時に庇護審査の迅速化と手続きの明確化により庇護される可能性のない人々が多数ドイツを目指すことを防ぐ必要があることを明言した。この記者会見での発言とハンガリーからの多数のシリア難民の受入はドイツ国内の議論を大きく変化させた。メルケル首相が人道的な視点からダブリン規則を一時的に曲げて多数の難民を入国さ

100

せ，多数の難民に対応するために国内法規則の柔軟な運用を求めたことは人道主義の視点から高く評価され，シリア内戦による避難民は多数のボランティアに支援されながらドイツに受け入れられた。

　もちろんドイツにおいても多数の難民を短期間に受け入れ，庇護申請審査を行い，却下された人々を送還していくことは決して容易なことではない。また過去のデータに照らして考えれば，約半数が難民条約や人道的な観点から中長期的に国内にとどまることが予想される。これらの人々を社会的に統合していくことも不可欠である。メルケル首相は上記の記者会見の中で，かつて外国からの労働者を一時的にドイツに来て帰国する「ガストアルバイター」と称して扱ったことを誤りであったとし，しばらく前からドイツでは出自にかかわらず同じ市民として扱うと方針転換してきたことを指摘している。基本法の価値や社会的市場経済の原則を運用するにあたって，ドイツ社会は変容してきたのであり，今後も外国からの人を受け入れながら変容し続けていくと述べた。国内には保守的な社会観を有するものもあり，また移民排斥的な運動も決して少なくはないが，メルケル首相が2015年夏に示したリーダーシップは国内の議論の方向性を明確にしたと言ってよいであろう。

　2015年夏の措置はあくまでも人道的な観点からの暫定的なものとして認識されており，ダブリン規則の運用を元に戻すこと，さらに難民をEUとして受け入れ，割当制度の構築により義務的に構成国の規模と能力に応じて難民を振り分ける議論がなされている。それに加えて，難民を生む原因となっているシリア情勢への対応なども議論されている。しかし，EU内でもハンガリーをはじめ中東欧諸国ではEU域外からの難民受入には厳しい姿勢をとっているために，EUとしての合意の形成は容易ではない。EU内でいかに合意を形成し，新しい難民対応のためのシステムを構築するかは，ドイツにとってEUとの関係を考える上でもきわめて重要な問題である。

　EUはその基本条約であるEU条約第2条において人間の尊厳，自由，民主主義，平等，法の支配などを中心的価値に据える価値共同体であるが，難民問題はこれらの価値の実現にあたってEU構成国が実際に共同行動をとれるか否かの試金石となるであろう。

第2部　人の国際移動をめぐる政治

6　人の移動をめぐる規範と労働市場の展望

　今後ドイツが人の移動をめぐってどのような対応をとるのかを展望するにあたっては，これまで議論してきたように基本法に規定され社会的なコンセンサスとなっている基本法第16a条の政治的な庇護を必要とする人々への対応と，それとは別の次元で議論されるべき不足する労働力を国外からどのように導入すべきなのかという議論を常に念頭においておかなければならない。庇護申請をしてくる人々の中には多数の経済的な豊かさを求めてドイツに押し寄せる人々が含まれている。庇護審査には時間がかかり，庇護を否定されても，裁判所に不服申し立てを行い，裁判を起こすとさらに数年間ドイツ国内にとどまれる事例も多い。2015年夏の大量の人の流入は，ドイツ国内の受け入れシステムに過重な負担ともなっている。

　1990年代の初めに議論されたのと同じように，今後は安全な第3国の範囲を広げること，それに加えて，庇護申請を却下された場合の手続きを変更することによって，対応することが議論されている。

　幸いにして2015年のドイツ経済は好調であり，難民対応にかかる巨額の臨時費用も税収増もあってさほど問題にならない。問題は中長期的に大規模な人の受け入れが社会にどのような影響をもたらすかであろう。メルケル首相の言うように，ドイツ社会が変化し続ける能力を有し，異なる文化を有する人々を短期間に多数受け入れたとしても，社会的に統合していけるかどうかが決定的に重要なポイントとなろう。中長期的な視点に立てば，少子高齢化が進展するドイツでは国外からの人の受け入れは不可欠であり，本章で指摘した調査報告書のように経済界からは人材の受け入れを求める声も大きい。

　しかしまた同時に，2015年のような極端に多数の人々を受け入れ続けることも不可能である。安定的に庇護を必要する人々を受け入れ社会統合しつつ，難民をうむ国や地域への対応も必要となる。シュタインマイヤー外相は第3次メルケル大連立政権の発足後，「積極的外交政策」と称して，EUの大国として積極的に国際的な役割を担っていくことを明言してきた。そしてウクライナ問

102

題においてもイランの核問題においても，積極的に国際的な交渉の枠組みに参加する政策を展開してきた（森井 2015：45-47）。この外交政策の新路線は前任のヴェスターヴェレ外相（FDP）が「アラブの春」後の混乱においてもきわめて抑制的な政策をとってきたことと対照的である。しかし，世界各地で人の移動の移動を引き起こす要因となっている地域紛争は無数に存在している。ドイツはEUの共通外交・安全保障政策（CFSP）およびその手段としての共通安全保障・防衛政策（CSDP）の枠内における行動を外交政策の重要な柱に据えているが，CFSPも構成国の合意形成が容易でないという問題や予算制約などから，地域的課題には充分対応できていない。

　人の移動をめぐる問題は，外交政策やEUの政策との関係においても，労働市場や人口動態の視点から見ても，今後ますますドイツ政治の中心的課題として重要度を増していく。社会的なコンセンサスを維持しながら，ダイナミックな対応が可能かどうかによって，ドイツの行方が大きく左右されるであろう。

注
1）　ドイツ語では「移住（Zuwanderung）」という表現がCDUなど保守への配慮からなされていたが，「移民法（Einwanderungsgesetz）」と一般には表現されることも多かった（森井 2007：102）。その後，外国籍住民の増加とEU市民の増加など，社会の変化もあり，ドイツは「移民国（Einwanderungsland）」なのかという議論も進展したことから，今日では「移民」概念がより一般的用いられている。Zuwanderungもある国に入国してくるという意味であり，移民と訳して差し支えないし，多くの日本語文献も「移民法」としている。それでもなお当時はあえてEinwanderungを避けていたことには注意すべきであろう。
2）　ドイツ連邦内務相は所管する移民難民庁と連邦政府から連邦議会への報告という形で報告書を提出し，この報告書は公刊されている。原語では „Migrationsbericht" であるが，この報告書はドイツを中心としたドイツ人も含む人の移動を入国も出国も含む形で包括的に扱っているので本章では『人の移動に関する報告書』と訳出した。この報告書は2000年6月の連邦議会決議に基づいており，ドイツに関連した人の移動について包括的にデータが集められ，分析されている。
3）　ドイツ連邦労働相，家族相，移民担当官は合同記者会見で2030年までの労働市場変化と移民の役割についての委託調査結果 „Arbeitsmarkt 2030: Die Bedeutung der Zuwanderung für Beschäftigung und Wachstum-Prognose 2014" を発表し，ドイツ経済にとっても移民の重要性を強調している。http://www.bundesregierung.de/Content/DE/Artikel

第 2 部　人の国際移動をめぐる政治

/2015/02/2015-02-05-studie-arbeitsmarkt-2030.html（2015年 8 月30日アクセス）

4 ） „Bürgerdialog der Regierung, Merkel: 'Deutschland ist ein Einwanderungsland'",
FAZ. NET, 01.06.2015（http://www.faz.net/aktuell/politik/ausland/europa/angela-
merkel-sieht-deutschland-als-einwanderungsland-13623846.html, 2015年 8 月30日アクセ
ス）参照。

5 ） „Sommerpressekonferenz von Bundeskanzlerin Merkel", 01.09.2015（http://www.
bundeskanzlerin.de/Content/DE/Mitschrift/Pressekonferenzen/2015/08/2015-08-31-pk-
merkel.html, 2015年 9 月 7 日アクセス）参照。

参考文献

Fuchs, Johann, Alexander Kubis und Lutz Schneider（2015）*Zuwanderungsbedarf aus
Drittstaaten in Deutschland bis 2050: Szenarien für ein konstantes Erwerbspersonen-
potenzial—unter Berücksichtigung der zukünftigen inländischen Erwerbsbeteiligung
und der EU-Binnenmobilität*, Bertelsmann Stiftung, Gütersloh.

Bundesministerium des Innern（2015）*Migrationsbericht 2013*（*Migrationsbericht des
Bundesamtes für Migration und Flüchtlinge im Auftrag der Bundesregierung*),
Berlin.

Baas, Timo und Herbert Brücker（2011）"Arbeitnehmerfreizügigkeit zum 1. Mai 2011
Mehr Chancen als Risiken für Deutschland", *IBA-Kurzbericht*, 10/2011（Institut für
Arbeitsmarkt-und Berufsforschung).

小野一（2009）「ドイツ・赤緑連立政権の移民・外国人政策——政策転換と政党政治再編成
をめぐる考察」日本比較政治学会編『国際移動の比較政治学』（日本比較政治学会年報
第11号）ミネルヴァ書房，第 6 章，171-192頁。

佐藤成基（2014）「移民政策」西田慎・近藤正基編『現代ドイツ政治——統一後の20年』ミ
ネルヴァ書房，第12章，293-320頁。

昔農英明（2014）『「移民国家ドイツ」の難民庇護政策』慶應義塾大学出版会。

川又伸彦（2008）「庇護権における［安全な第三国］要件」ドイツ憲法判例研究会編『ドイ
ツの憲法判例Ⅲ』信山社，356-362頁。

森井裕一（2007）「ドイツにおける外国人問題とトルコ」八谷まち子編『EU 拡大のフロン
ティア——トルコとの対話』信山社，第 3 章，77-111頁。

―――（2015）「EU の展開とドイツの役割」『国際問題』No. 641, 2015年 5 月，39-48頁。

第8章

フランス
—— EUと地中海の狭間で揺れる移民政策

坂井　一成

1　移民社会フランス

　フランスは今日，総人口6600万人のなかに550万人の移民を抱えている。そして1年の滞在許可証を毎年20万人が発給を受けて，フランスに入国する。さらに「サンパピエ」(sans-papiers) と呼ばれる正規滞在許可証を保持していない不法滞在者が30万人いると言われる。こうした数字をどう理解するかについてであるが，人口学的にみると移民が多い国はドイツ，スペイン，イギリス，北欧などで，こうした国々と比べるとフランスにおける移民の数は相対的には少ないとされる。しかし，フランスは，19世紀以来，絶えることなく移民の受け入れ国であり続け，移民との持続的融合を通じて社会が形成されてきた時間は，他国と比べてずっと大きいと理解される (Héran 2015 : 6-7)。

　実際，フランス社会における移民の存在感は大きく，たとえば2015年1月にパリで風刺画紙『シャルリー・エブド』(*Charlie Hebdo*) の襲撃テロ事件，関連でヴァンセンヌ地区のスーパーマーケット襲撃が起こったが，一連の犯人がいずれも移民を親に持つフランス人であり，犯人に撃たれて死亡した警官はアルジェリア移民の家庭に生まれ育ち，スーパーマーケットで事件に巻き込まれた被害者のなかにチュニジア人でフランス留学中の学生がおり，さらに安全な場所に顧客を誘導したスーパーマーケットの倉庫係はマリ人でフランスに帰化申請中であった (Héran 2015 : 3)。このように，フランス社会は，日常的に移民やその子弟が一部をなしており，その存在感の大きさは数字からは計れない

105

第2部　人の国際移動をめぐる政治

ものがある。

2　移民社会の形成と移民政策の変容

　こうした移民社会フランスは，どのような経緯で形成されてきたのだろうか。社会学者ヴィエヴィオルカによると，移民受け入れの歴史は4つの段階に区分できる。第1段階は，19世紀以来の移住者が定住の過程で受け入れる「同化」(assimilation) と，第二次世界大戦後（特に1950-60年代）の労働力不足を補うために一時的に滞在して仕事後は母国に帰る「外国人労働者」という，二つのロジックが並存する時期である。イタリア，ポーランド，スペイン，ポルトガルといったヨーロッパ諸国からの移住者は定住化を前提に比較的容易に同化がなされていき，大戦直後の復興過程においても南欧からの数多くの単純労働者がフランス経済に貢献した。一方，1950年代に入ると工業・農業分野でさらに需要の高まった労働力を補うため，政府や経営者は北アフリカの旧植民地諸国から多数の労働者を迎えるが，彼らは出稼ぎ労働者として帰国を前提にしていたことから同化は進まなかった (Wieviorka 2014：333-334)。1960年代に入り，アルジェリア，チュニジアなど旧植民地の独立とそこからのフランスへの出稼ぎが増加し，これにセネガルなどサハラ以南アフリカからの移民も増加し，次第に外国人労働者の出身地がヨーロッパの内から外へと変わっていった (Rabaud 2014：25)。

　続く第2段階は1970年代で，「危機の始まり」と位置付けられる。ここでは1973年の第三次中東戦争に端を発する石油危機を契機として，景気後退から自国経済保護と，フランス人の雇用維持のために外国人労働者の受け入れを停止した1974年が転換点となる。これ以降，アフリカからの外国人労働者たちは帰国せず，むしろ母国からフランスに家族を呼び寄せて定住化していった。これにより「外国人労働者問題」が「移民問題」へと転換していったのである。それまでは労働の場にのみ一時的に参画していたアフリカ系の人々が，日常的に社会のなかでの存在感を高めていき，次第に非ヨーロッパ系移民に対する反感や不安感が広がるようになっていく。雇用機会に恵まれないアフリカ系移民

は，母国から呼び寄せた家族とともに政府が建設を進めた低家賃集合住宅（HLM : habitation à loyer modéré）が並び立つ郊外に集住し，彼らの多くがイスラム教徒であることから都市郊外のイスラム化が進んだ。「ゲットー化」が進んで「郊外の危機」が言われ始めた時期であり，こうした地区で治安問題が顕在化していく。ただしこの時期はまだ移民と治安は必ずしも結び付けられてはいなかった（Wieviorka 2014 : 334-336）。

　経済が停滞するなかで増加するアフリカ系移民は，職を得ることが困難で多くが滞在許可証を取得できない不法滞在状態に置かれていった。1981年に社会党から立候補して大統領になったミッテランは，国内の様々なマイノリティへの理解を示す政策方針を掲げ，不法滞在者約12万人に3年の滞在許可証を与える合法化策をとった。しかし1970年代に「可視化」されて「社会化」されたイスラム系移民の存在感は1980年代に入り一層高まり，フランス社会における人種差別が高まってくる状況に対して，自らのアイデンティティと権利を主張するイスラム系移民（とりわけブール〔beur〕と呼ばれるアラブ系移民二世）という構図が顕著になってきた。たとえば1983年秋の「平等と反人種主義の行進」は，フランス中の都市郊外に広がっていき，移民第2世代の全国規模のデモとして大きな成功を収めた。もはや移民問題は完全に「政治化」してきたのである（畑山 1997 : 36-48 ; Kepel 1991 : 14）。そして，それまで認知度の低かった極右政党・国民戦線（FN）が，1983年9月のパリ郊外のドゥルー（Dreux）市議会選（16.7％得票）で反移民を掲げて台頭し，1984年の欧州議会選で躍進し全国レベルの勢力となった（11％得票）ことを背景に，ミッテランも不法滞在者の本国送還の必要性に言及するなど，発足直後の移民に寛容な政策の軌道修正を余儀なくされる（畑山 1997 : 77-86 ; Weil 2004 : 239-240 ; Le Monde, 2 octobre 1984）。

　そして1986年に国民議会（下院）選挙で与党社会党が敗北すると，保守の共和国連合（RPR）によるシラク内閣が発足し，大統領（左派）と内閣（保守）の政治党派が異なる「保革共存政権」が生まれた。フランス第五共和制憲法の下，対外政策は大統領が，内政分野は内閣が主導権を発揮するため，保守内閣の下で移民に対してさらに厳しい姿勢が鮮明にされていく。経済の停滞と高止まりする失業率への不満の矛先が，非ヨーロッパ系を中心とする移民に向けられて

第2部　人の国際移動をめぐる政治

いく世論に後押しされたものと言え，フランス社会全体に北アフリカを中心とする非ヨーロッパ系移民への厳しい目線が注がれるようになっていく時期であった。

第3段階は，1989年に発生する「イスラム・スカーフ事件」に始まる。1980年代を通じて非ヨーロッパ系（とりわけイスラム系）移民とフランス社会の間の摩擦は高まり，その緊張が発火点に達したのが，1989年，パリ郊外の高校でイスラム教徒の女子学生がスカーフを着けて登校し，学校長が授業出席を拒否した「イスラム・スカーフ問題」であった。フランスにおいて学校はライシテ（laïcité＝脱宗教の原則[1]）を体現する象徴的な場であり，その価値観をフランス社会の構成員に普及させるうえで特に重要な場と理解されている。そこでのイスラム・スカーフの着用は，まさに宗教性を公的空間に持ち込む行為とみなされた。しかし逆に，信仰の自由という個人の権利をも尊重すべき立場からは，スカーフ着用は容認すべきいう議論も成り立ち，このスカーフ論争は全国レベルの議論となり，政界も二分されていった（Le Monde, 31 octobre 1989）。その後1994年，バラデュール保守内閣の時期，国民教育省通達によって教室内での「これみよがしの」（ostentatoire）宗教的シンボルの着用禁止が定められる。政府としてはこの通達で事態の沈静化を図ったが，通達後も類似の事例は各地で起こっていった。

ここで重要なのは，これまでパレスチナ紛争やコルシカの自治運動や極左と結びついていたテロが，これ以後，イスラムと結びつけられていく点である（Wieviorka 2014：336-337）。そして1995年にシラクが大統領に就任し，14年ぶりの保守政権が誕生すると，移民の処遇をめぐっては厳格化の方向に舵が切られていく。1997年に制定されたドゥブレ法により，滞在許可証の更新が停止され，不法滞在者が溢れていった。しかし，同年の国民議会選挙の結果左派が勝利し，社会党を中心とするジョスパン内閣が発足すると，1998年にシュヴェーヌマン法が制定され，条件付で不法滞在者の合法化が進められた。ミッテラン政権期（1981-1995年）にも二度（シラク内閣とバラデュール内閣）あったことであるが，大統領の出身政党と議会与党がずれる「保革共存政権」の下で，保守政党が内政の実権を握る際は移民に対して厳しい路線に，左派政党が実権を握る

際は寛容な政策へ移行するという蛇行を繰り返した。

そして第4段階は，2000年代以降の「開放と閉鎖」の時期である。EU統合が進み，人の移動の自由を担保するシェンゲン協定の下，シェンゲン圏に属するヨーロッパ諸国との間の国境検問所が廃止され，国境が「開放」されていく。この過程で，移住者の出身地はこれまで以上に多様化していった（Wieviorka 2014：337-339；Rabaud 2014：32-33）。しかし2005年秋にはアフリカ系移民とフランス当局が対立する構図の都市郊外暴動が起こる。暴動時に内相だったサルコジは2007年に大統領に就任し，共和主義とライシテを強調して「閉鎖」的な反移民の姿勢を鮮明にしていった（Wieviorka 2014：337-339）。2010年暮れに始まったアラブの春とそれに伴う大量の移民・難民のヨーロッパへの流入と，これに対抗するフランスの示した国境検問の一時復活の方向は，この国境の開放性と非ヨーロッパ移民に対する閉鎖性の共存する第4期が，依然として継続しているものと理解できるだろう。

3　国民戦線をめぐるフランス政治と移民

前節で見た第4段階の2000年代に入ると，2002年の大統領選で移民排斥を掲げて支持を伸ばした極右政党・国民戦線（Front National）のルペン党首が決選投票に進む躍進を見せ，また2007年に保守・民衆運動連合（UMP）のサルコジが大統領に選出される。この2000年代は，「法律のインフレ」（Blum Le Coat et Eberhard 2014：49）と指摘されるほど次々に移民関連法が成立し，サルコジ政権では「移民・統合・ナショナルアイデンティティ・連帯発展省」が設置されるなど，移民問題が政治課題の中心に躍り出た時期と言える。

国民戦線の台頭の背景には，イスラム系移民の可視化と経済不況に対し有効策を打ち出せない政治への不満が指摘できる。とりわけイスラム系移民の可視化に関わっては，ライシテ原則の解釈とも深く関わる議論があり，この関係では2004年に宗教的シンボル禁止法が制定された。この法律は，前述の1994年の国民教育省通達が示す「これみよがし」の宗教シンボルの範囲が曖昧で現場に混乱を来していた状況を踏まえ，大統領直属の検討委員会（ベルナール・スタジ

〔Bernard Stasi〕委員長）が設置され，ここでの議論を踏まえて新たに策定された（Commission de Réflexion sur l'application du principe de laïcité dans la République 2003；池田 2009：252）。ここでは，イスラム教のみならず，キリスト教，ユダヤ教などあらゆる宗教を対象にその属性を示す要素を公立学校などの公共空間で身に付けることを禁じたのである。

　しかし，すべての宗教を対象にしたとはいえ，社会に内在するイスラム系移民やその子弟に対する偏見・差別が一気に緩和，解消されるわけではない。その象徴的な事件が2005年秋に起こったパリ暴動である。同年10月末，パリ郊外クリシー・ス・ボワ市で，警官に追われたアフリカ系移民二世・三世の２人の少年が変電所に逃げ込み感電死したが，これをきっかけに移民が多数を占める現地住民の警察への抗議に端を発する暴動が起こり，全国に波及した。結果９千台以上の車が放火され，３千人近い逮捕者を出した（渡邊 2015：151-152）。当時内相だったサルコジが，現場視察に際して移民たちに侮蔑的な言葉を投げかけたことが，さらに事態を悪化させた。

　そのサルコジが主導して策定したのが2006年の移民法である。ここでは「選択的移民」の姿勢が明確となり，高度な能力を持つ外国人の特別な受け入れを促す一方で，学歴や技術能力が低いと見なされる人に対してはむしろ審査は厳しくなった。そして10年以上の滞在者を対象とした不法滞在者の正規化措置も廃止された。サルコジは翌2007年に大統領に就任し，不法滞在者への厳格な帰還措置と，この「選択的移民」の方向はさらに強化されていく。2007年11月の移民法改正で，家族呼び寄せによるフランス入国と滞在の条件を厳格化し，入国する家族が「受入統合契約」（CAI：Contrat d'accueil et d'intégration）を結んでフランスの共和主義的価値観を守ることが必須となり，併せてフランス語習得の義務が課せられた。2011年６月の移民法では，シェンゲン圏の移動の自由の権利の濫用者を国外退去処分にするほか，公共秩序を乱す行為を行った者に対し本国送還の措置をとることを可能にし，滞在許可証取得のための偽装結婚に対して懲役５年の禁固刑に加えて１万5000ユーロの罰金を科すなど，一層厳格な措置が盛り込まれた（渡邊 2015：217-223；厚生労働省 2010：105）。

　また，1980年代から高まったイスラム・スカーフ論争の延長線上に位置づけ

ることもできる「ブルカ」着用の是非に関し，2010年に成立したブルカ着用禁止法も，移民の多くがイスラム教徒であることを背景に，フランスの移民政策の一環と理解することができよう。全身を黒い布で覆ってしまうブルカを公の場で着用することはライシテに反しており，着用した女性には罰金150ユーロあるいは市民の資格に関する講習受講，あるいはその両方が課せられ，着用を強いた男性には3万ユーロの罰金と1年の禁固刑が課せられることとなった。

　このように，シラクからサルコジに至る保守政権は，次第に移民に対して厳しい政策をとっていった。そこには，極右政党・国民戦線（Front National）が勢力を増してきていることが背景として指摘できる。2002年の大統領選挙では初めて決選投票にまで進み，その存在感を着実に高めてきた。初期には移民排斥を掲げるシングルイシュー政党であったが，次第に政権に対する批判全体を取り込む受け皿的性格を強めつつ勢力を伸ばしてきた。特に保守政党にとっては，移民に対する厳しい姿勢では主張が重なる部分も大きい。それゆえ移民に対して寛容な政策を進めた場合，国民戦線に支持層を奪われてしまうとの懸念は大きかった。

　これに対し左派政党の場合，社会党は，上述のようにミッテラン政権期に，国内の反移民の論調の高まりを背景にして保守的路線にシフトしたこともあったが，概ね「多様な価値観の尊重」や「少数者の保護」の観点から移民に対して寛容な政策であった。シラクを破って2012年に大統領に就任した社会党出身のオランドは，ミッテランを政治の師としており，その政治路線を踏襲していく。オランドは，移民政策に関しては明らかにしてこなかったが，2014年12月に初めて方針表明を行う。パリの移民史博物館の開館記念式典で，移民に関する公式な演説を行い，「多様性，豊かさ，移民を認めるフランスはフランスを助け，成長させ，豊かにする」（*Le Monde*, 16 décembre 2014）と述べ，移民に対する寛容な姿勢を表明した。しかしこの直後の2015年1月，パリで『シャルリー・エブド』紙事務所への襲撃テロが世界を震撼させると，テロとイスラムと移民とを結びつける議論も高まり，他方で北アフリカから地中海を渡って入ってくる移民・難民の急増する情勢のなか，フランスでの移民の入国管理と社会統合が容易ではない深刻な政治課題であることが改めて浮き彫りになって

第2部　人の国際移動をめぐる政治

いった。

4　移民政策と EU

　今日，フランスにとって EU との連携を抜きに政治を語ることはできない。
EU の重要性は，もともと各国の主権の下で国ごとに施行されてきた移民政策
においても同様となってきている。EU としての移民政策に関する権限は，
1999年に発効したアムステルダム条約によって，人の移動自由を定めるシェン
ゲン協定が EU 内部化されたことが起点となる。これにより国境管理権限が
EU に委譲され，以後 EU としての共通移民政策の戦略枠組みが構築されてい
く。

　1999年以降，5ヶ年戦略プログラムが順次策定され，(1)「タンペレ計画」
(1999-2004年)，(2)「ハーグ計画」(2005-2010年)，(3)「ストックホルム計画」(2010
-2014年) と続いた (European Commission 2009)。またこの間2008年には，EU
議長国だったフランスのイニシアチブの下，「欧州移民・難民協定」(European
Pact on Immigration and Asylum) も採択されている。2014年には第4次計画の
アウトラインが示され (Balleix 2015：64)，地中海でのアフリカから渡る多数の
難民の死亡事故を背景に2015年には「欧州移民アジェンダ」(European Agenda
on Migration) と「欧州安全アジェンダ」(European Agenda on Security) が策定
され，EU としての移民政策が推進されている。

　これらの EU としての一連の移民政策戦略では，たとえば2015年の「欧州移
民アジェンダ」では，地中海での移民・難民の急増状況に鑑み，先ず緊急に対
処すべき行動としてイタリアとギリシャに集中してしまっている EU 入域申請
(難民申請)者の対応を，他の EU 加盟国にも分担協力してもらい，中期的な戦
略としては(1)不法移民として入域を目指すインセンティブを減らす，(2)地中海
など EU 外縁のボーダーコントロールの強化，(3)難民政策の共通化促進，(4)合
法移民への対応改善をあげている (European Commission 2015b)。また2008年の
欧州移民・難民協定では，主導したフランスの主張で選択的移民の方針が強く
打ち出されている。

では，こうした EU としての移民政策の共通化の流れに対し，フランスはどのような対応をとってきているのだろうか。移民政策には国境管理と社会統合がある。またこの双方に関わるものとして不法入国・不法滞在者対応がある。これまでのフランスの移民政策は，前述のように左派が政権を握っていたときには概して移民に寛容な方向に，保守が政権を握っていたときには逆に厳しい姿勢に転じ，その両者の間を政権交代の度に蛇行してきた。特にサルコジ政権期には，欧州移民・難民協定の策定を主導したことからもうかがわれるように，フランスとして選択的移民の姿勢で全体として移民の減少を狙う姿勢を明確にし，その方向性を EU レベルでも広げようと尽力した。この選択的移民という観点は，同協定に対してスペインが批判的な姿勢を顕著にするなどの反発もあり，必ずしも EU 内でのコンセンサスが得られてはいないが，全般的にアフリカ・中東からの移民の流入には厳しい姿勢が立ち現れてきた。

サルコジ政権終盤2010年暮れにチュニジアを起点に発生した民主化改革運動アラブの春と，それが多くのアラブ諸国で内戦や政治不安定化へとつながっていった後の難民の急増は，フランスを含む南欧諸国にとっては大きな試練となってきた。ヨーロッパに地中海経由で到着する移民・難民は，2010年は9700人だったものが，アラブの春後の2011年には 7 万人に跳ね上がり，2012年は 2万2500人とやや減少するものの，2013年に 6 万人，2014年は一気に21万9000人に跳ね上がった（UNHCR 2015：5）。これらの移民・難民が先ず上陸するのは主にイタリア，ギリシャ，スペイン，マルタであるが，フランスにはイタリア入国者の多くがその後陸路入国する事例が急増した。それは移民・難民が受け入れられやすいと認識されているイギリスやドイツ，スカンジナヴィア諸国を目指す人が多く，こうした国々へ移動する通過地にフランスが位置することが大きい（もちろん北アフリカ出身者でフランス語が話せる移民の場合は，フランスで定住を図るケースも少なくない）（*Le Monde,* 26 juin 2015）。

こうした大量の移民・難民の流入は，2011年にイタリアとフランスの間の国境で摩擦を起こした。フランスやイタリアなど EU 内のシェンゲン圏の国と国の間で，国境検問は廃止されている。しかし2011年 1 月以降，政変の起こったチュニジアから押し寄せてきた 2 万人をこえる移民がイタリアのランペドゥー

第2部　人の国際移動をめぐる政治

ザ島にたどり着き，イタリア政府は彼らに6ヶ月有効の一時滞在許可を出した
が，このチュニジア人の多くがフランスへ鉄道で移動を試みた。この状況を受
けてフランスは同年4月半ば，緊急措置的にイタリアとの国境検問の復活を決
めたのである（*Le Monde,* 19 avril 2011）。仏伊両国は同月末に開いた首脳会議
で対応を検討し，両国首脳の連名でEUに対してシェンゲン協定の改正を求め
た。これを受けてEUは検討に入り，外部事情の変化に伴う緊急事態において，
他の手段での対応が不可能と判断された場合に限り，加盟国は30日間（延長し
た場合最大で6ヶ月）の国境審査の実施が可能とする改正を行った。ただしここ
では，併せて欧州委員会が国境の状況を評価する役割を強化してもいる（No-
votná 2015）。

　フランスは他方で，2007年からEU加盟国であるブルガリアとルーマニアが
2014年1月に予定されていたシェンゲン圏入りに強く反対した。両国の向こう
にはトルコがあり，シリアなど中東諸国からの多数の移民・難民がトルコ経由
でシェンゲン圏へ入ることが想定され，その後は東欧諸国を経由してフランス
にも多数押し寄せるという展開を懸念してのことであった（*Le Monde,* 9 octo-
bre 2013）。EU及びシェンゲンの枠組み自体は最大限尊重するものの，ここに
自国の国益を強く反映させる形であった。

　フランスにとってEUは最重要の外交枠組みである。それゆえ，EUとして
の取組は最大限重視し，同時にEUでの政策策定における主導権を握ることに
腐心する。この点は移民政策においても同様と言える。シェンゲン協定の定め
る人の域内自由移動についても，これがEU統合の象徴的な価値観を表す施策
である以上，これを遵守する方向には変わりはない。ただし上述のアラブの春
後の地中海地域の移民・難民の大規模なヨーロッパへの流入という事態とその
際の対応に見られたように，フランスにも大きな影響を与えてきたことも事実
であり，そこではフランスとしての対応のなかに戦略的な側面が垣間見られる。

　そしてここで着目すべきなのは，移民問題を安全保障の問題として扱う方向
性である。安全保障政策は，国連安保理の常任理事国で核保有国でもあるフラ
ンスは，EUのなかで特に主導権を発揮しやすい分野である。移民問題がEU
市民の安全に強く関わる問題であるという認識がEU内で共有されることは，

フランスにとっては主導権を発揮しやすい状況がそこに生じていることになる。地中海での移民問題の「安全保障問題化」(セキュリタイゼーション)は，地中海地域の変動から実際フランスも大きな影響を被っているのであるが，対EU戦略という意味においては，フランスが主導権を握りやすい政治環境の整備につなげてきていると理解することができる(坂井 2015)。

5　地中海とEUとの狭間に揺れるフランス

　EUとともに，フランスにとって対外政策の柱となっているのが地中海地域である(坂井 2012)。移民政策のうち特に国境管理の側面を考察する際，地中海との関わりは大きな意味を持つ。1995年，EUと地中海諸国との協力枠組みであるバルセロナ・プロセスがスタートした。この整備にシラク大統領は尽力し，EUと地中海諸国(アルジェリア，モロッコ，チュニジア，エジプト，ヨルダン，シリア，レバノン，イスラエル，パレスチナ，トルコ)の間で，政治，文化，経済に及ぶ多面的な協力を進める枠組みを作った。ここでは相互理解を深めながら，最終的には地中海の広域貿易圏の創設を目標に据えた。そして2008年には，バルセロナ・プロセスが次第に行き詰まりを見せるなかで，サルコジ大統領の主導で新たに地中海連合(Union for the Mediterranean)が創設された。

　地中海連合は，フランスにとっての外交の足場としてこの地域の国際制度化を進め，政治，社会，経済の安定化を企図するもので，移民のコントロールも対象領域である。しかしアラブの春が，そうした安定化とは逆の方向に地域政治を進めてしまい，チュニジア，リビア，そしてシリアからの多数の移民・難民が地中海を渡ってきた。アラブの春とそれに伴う移民の大量流入に対するフランスの対応は前節で見たが，フランスとしては，移民・難民を排除する形は避け，寛容な国としてのイメージを強化しながら，EU内での存在感を高め，外交上の要衝である地中海を舞台とする問題の解決に向けての主導権を握りたい。しかし，寛容さを示し過ぎることは，地中海地域で起こっているアラブの春後の大量の移民・難民の発生とそのフランスを含めたEUへの押し寄せという状況を考えると，フランスの政治リーダーにとっては，移民の排斥を主張し

第 2 部　人の国際移動をめぐる政治

て勢力を強めてきてきた極右・国民戦線の伸張をさらに助長しかねない懸念が
強い。この点は，政権の左右を問わず同様の困難を抱えている。移民政策にお
いてフランスは，国内での極右政治勢力の台頭という事情を抱えつつ，EU と
地中海という 2 つの外交の足場の狭間に揺れ動いているのである。

注
1 ）　ライシテには「政教分離」「世俗」「非宗教」「脱宗教」などの訳語があてられる。ここ
　　では「国教を立てることを禁じ，いっさいの既成宗教から独立した国家により，複数の宗
　　教間の平等ならびに宗教の自由（個人の良心の自由と集団の礼拝の自由）を保障する，宗
　　教共存の原理，またその制度」（三浦信孝「キーワードの訳語と解説」〔ボベロ 2009：9〕）
　　という議論に即して，「脱宗教」という言葉をあてておく。

参考文献

Balleix, Corinne（2013）*La politique migratoire de l'Union européenne*, La documenta-
　　tion française.

——（2015）"Quels défis pour la politique migratoire européenne?" *Cahiers français*,
　　no. 385, La documentation française, pp. 63-69.

Blum Le Coat, Jean-Yves et Eberhard, Mireille（2014）"Législations et politiques migra-
　　toires en France," in Blum Le Coat, Jean-Yves et Eberhard, Mireille, éds., *Les im-
　　migrés en France*, La documentation française, pp. 37-56.

Commission de Réflexion sur l'application du principe de laïcité dans la République
　　（2003）*Rapport au Président de la République*, le 11 décembre 2003.

European Commission（2009）"European Commission outlines its vision for the area of
　　freedom, security and justice in the next five years," IP/09/894, 10 June 2009.

——（2015a）"The European Agenda on Security," COM（2015）185 final, Stras-
　　bourg, 28 April 2015.

——（2015b）"A European Agenda on Migration," COM（2015）240 final, Brussels,
　　13 May 2015.

Héran, François（2015）"L'immigration en France: Des chiffres en débat," *Cahiers
　　français*, no. 385, La documentation française, pp. 2-8.

Kepel, Gilles（1991）*Les banlieues de l'Islam: naissance d'une religion en France*, Edi-
　　tions du Seuil.

Novotná, Markéta（2015）"The Schengen Governance Package—another missed oppor-
　　tunity?" *Policy Brief*, Institute for European Studies, Vrije Universiteit Brussel, no.
　　2015/1.

Rabaud, Aude（2014）"Une histoire de l'immigration en France," in Blum Le Coat, Jean-

Yves et Eberhard, Mireille, éds., *Les immigrés en France*, La documentation française, pp. 15-36.

UNHCR（2015）*The sea route to Europe: The Mediterranean passage in the age of refugees*, 1ˢᵗ July 2015.

Weil, Patrick（2004）*La France et ses étrangers: L'aventure d'une politique de l'immigration de 1938 à nos jours*, nouvelles édition refondue, Gallimard.

Wieviorka, Michel（2014）"Le débat public sur l'immigration: les quatre étapes d'une histoire récente," in Poinsot, Marie et Weber, Serge, éds., *Migrations et mutations de la société française: L'état des savoirs*, La Découverte, pp. 333-341.

池田賢一（2009）「宗教的中立をめぐる議論」フランス教育学会編『フランス教育の伝統と革新』大学教育出版，249-257頁。

浦中千佳央（2013）「フランスの移民受け入れとその政治的・社会的インパクト」『海外事情』61巻4号，17-31頁。

厚生労働省（2010）『世界の厚生労働』。

坂井一成（2015）「EUの地中海政策におけるフランスの関与と課題──移民問題のセキュリタイゼーションをめぐって」『国際政治』182号，58-70頁。

坂井一成（2012）「フランスの対外政策における地中海の存在意義──歴史的文化的背景と安全保障文化」『国際政治』167号，102-115頁。

畑山敏夫（1997）『フランス極右の新展開──ナショナル・ポピュリズムと新右翼』国際書院。

ジャン・ボベロ（2009）『フランスにおける脱宗教性の歴史』三浦信孝・伊達聖伸訳，白水社。

宮島喬編（2009）『移民の社会的統合と排除──問われるフランス的平等』東京大学出版会。

渡邊啓貴（2015）『現代フランス──「栄光の時代」の終焉，欧州への活路』岩波書店。

第9章

スウェーデン
──移民／難民をめぐる政治外交史

清水　謙

1　第二次世界大戦下のスウェーデンと難民

　スウェーデンでは「移民」(invandrare) という言葉が一般に広く用いられているが，公式には「外国のバックグラウンド (utländsk bakgrund) を有する者」という用語が用いられる。「外国のバックグラウンド」の定義とは2002年までは「両親のどちらかが外国生まれ」を指していたが，2003年以降は「両親が外国生まれのスウェーデン国内出生者もしくはスウェーデン国外出生者」と定義されている。中央統計局 (Statistiska centralbyrå) による2014年の最新の統計によれば，このような外国のバックグラウンドを有する者の人口はフィンランドなど北欧出身者も含めて209万2206人で，全人口974万7355人のうちの約21.5%を占めている。スウェーデンは2003年に勃発したイラク戦争に際しては，開戦と同時にイラク難民を受け入れる用意があることを表明し，2006年にはイラク難民をはじめ9万6000人を受け入れている。直近の事例では，シリア紛争の激化を受けて2011年9月には，スウェーデン移住を希望するシリア難民全員を受け入れた上で，さらに永住権をも付与すると宣言するなど，国際政治の動向にも俊敏に対応した寛容な政策をとっている。

　しかし，スウェーデンもかつては移民／難民には門戸を閉ざした国であった。とりわけ第二次世界大戦までスウェーデンでは，「人種生物学」(rasbiologi) と呼ばれる優生学が国策として推進されており，スウェーデン人の「稀有な純血性」を保ちながら国家や社会などにとって有益となるスウェーデン人を画一

118

的に作り出すことが国家目標となっていた[1]。第一次世界大戦勃発に際して1914年にはすでに「国外退去法」（Utvisningslag, Lag 1914:196）が制定されていたが，1927年の「外国人法」（Utlänningslag, Lag 1927:333）ではスウェーデンの労働市場を保護と「純粋な人種」の重要性が謳われた（Prop. 1927:198）。この法律を根拠にスウェーデンは第二次世界大戦中もユダヤ人を受け入れることには消極的で，ユダヤ人亡命者たちは「望まれざる難民」（oönskade flyktingar）として，1941年まで厳しく制限された。さらには，スウェーデン各地の14箇所に強制収容所を建設し，スウェーデンの「中立」と安全保障を脅かすおそれのある外国人やそのような言動をした者などを強制的に収容するなどの政策もとっていた（Berglund & Sennerteg 2008）。

　しかし，そのような政策も第二次世界大戦末期には省みられることとなった。1945年１月にリッカルド・サンドレル（Rickard Sandler）を委員長とする「サンドレル委員会」が議会に設置される。同委員会がまとめた報告書では，戦時中のスウェーデンの公安活動の正当性や外国人の扱いが検証され，スウェーデンの政策が不必要なまでに厳格であった上に政策転換も遅きに失したと指摘された（SOU 1946:34；1946:93；1948:7；Svanberg & Tydén 1992：284）。

2　戦後の外国人労働者と移民政策

1　戦後の経済発展と労働移民

　ドイツの要求に抗えず，延べ200万人にのぼるドイツ兵のスウェーデン領内通過を認めるなど戦時中の対独譲歩で「厳正中立」は大きく揺らいだものの，「中立国」として戦禍を免れたスウェーデンは，戦後急速な経済発展を遂げようとしていた。しかし，スウェーデンは低出生率の中で深刻な労働力不足に陥っていた。1954年には北欧諸国間で「北欧パスポート連合」（Nordiska passunionen）が成立し，滞在および就労の全面自由化が図られ（SFS 1954:457），北欧において共通労働市場が形成された。これによりスウェーデンにはフィンランドからの移民が激増した。またスウェーデンは，イタリア，ユーゴスラヴィア，ギリシャ，トルコなどと相互協定を締結し，多くの労働移民を招

致した。さらに，スウェーデンはハンガリー革命で発生したハンガリーからの
亡命者も積極的に受け入れたが，必ずしも人道的理由だけで受け入れたわけで
はなかった。ハンガリーからの亡命者たちは「抵抗難民」（revoltflyktingar）と
呼ばれたものの，スウェーデンはオーストリアとユーゴスラヴィアにあった難
民キャンプから自国の経済発展に貢献すると見込まれるハンガリー人を選別し
て労働移民として受け入れていた（Svensson 1992）。

　スウェーデンへの労働移民は1950年代には年間 2 万5000人，1960年代には年
間 4 万人，そして1970年には単年で労働移民としては歴代最多となる 7 万3500
人に達した。

2　スウェーデンにおける「外国人問題」と移民政策

　このように多くの労働移民を受け入れて目まぐるしい経済発展を遂げた一方
で，スウェーデンでは社会における移民の位置づけが問題になりつつあった。
その問題は「外国人問題」と呼ばれたが，今日みられるような移民排斥を訴え
るものではなく，スウェーデン政府の移民政策への批判であった。

　1964年10月21日の全国紙『ダーゲンス・ニューヘーテル』（Dagens Nyheter；
以下 DN）の「討論欄」（DN Debatt）にダーヴィッド・シュヴァルツ（David Schwarz）
による「スウェーデンにおける外国人問題」（Utlänningsproblem i Sverige）と題
する記事が掲載された。2008年にこの世を去ったシュヴァルツの生い立ちは不
明な点もあるものの，本人が語ったところによれば1928年にポーランドに生ま
れたユダヤ人であり，ナチスの強制収容所で生き残ったのち，イタリアのサナ
トリウム閉鎖に伴ってスウェーデンへ移住してきたという（Román 1994）。そ
のようなバックグラウンドを持つ彼の論調は「外から見たスウェーデンの移民
政策」という当時のスウェーデンでは先鋭的なものであったため，スウェーデ
ンで大きな議論を巻き起こした。シュヴァルツの主張によればスウェーデン政
府の移民観は「同化」（assimilation）であり，スウェーデン人と移民とが互いの
文化を尊重しうる多文化社会が求められているとされた。さらには，スウェー
デン社会において移民の間で疎外感が広がっており，そのような疎外感を残し
たまま移民を受け入れ続ければ，いずれスウェーデン社会に深刻な問題をもた

第 9 章　スウェーデン

らすであろうと警鐘を鳴らした点で重要である。

　1970年代に入るとそれまで大半を占めていた労働移民に代わり，労働移民の受け入れが停止された1972年を境にヨーロッパ以外からの難民が増加していった。その背景には1971年のウガンダでのクーデターや，1973年のチリでのクーデター，あるいは1975年からのレバノン内戦などがあった。こうしたプッシュ要因と併せて，スウェーデンが展開している「積極的外交政策」と呼ばれる人権や平和に重点を置いた外交政策が，現在でもスウェーデンが多くの難民を引き寄せるプル要因となっている（Demker & Malmström 1999）。2014年8月にヨルダンで，2015年9月にスウェーデンで筆者が行ったシリア，イラクなどからのアラブ系難民への聞き取り調査においても，人道を尊重するスウェーデンの外交政策が移住のインセンティヴになっていることが確認された。[2]

　スウェーデンでは移民に関する政策は3つ挙げられる。1つめは短期滞在を除く居住申請者の受け入れを指す「移民受け入れ政策」（Invandringspolitiken）であり，2つめの「移民政策」（Invandrarpolitiken）は，受け入れた移民への経済的支援や母国教育などの社会政策を指す。そして3つめは「庇護および難民政策」（Asyl- och flyktingspolitiken）は移民の中でも庇護申請者と難民の受け入れを指す政策である。ヨーロッパ以外からの難民が増加するなかでスウェーデンがそれまでの「同化政策」（assimilationspolitik）から多文化社会に向けた実質的な「統合政策」（integrationspolitik）に舵切りするのは第一次オーロフ・パルメ（Olof Palme）政権期の1975年のことであった（Prop. 1975:26）。この政策転換は「新移民政策」（Nya invandrarpolitiken）とも呼ばれる。

　この新政策の基幹は，「平等」（jämlikhet），「選択の自由」（valfrihet），「協力」（samverkan）の三本柱から成り立っていた。「平等」とは，移民の言語と伝統の保持を，「選択の自由」は文化や言語アイデンティティなどの保持と移民のスウェーデン・アイデンティティの受け入れ度合いに幅を与えること，そして「協力」はマイノリティとマジョリティともに異なったエスニック・グループの並存を目指すことをそれぞれ指している（Prop. 1975:26）。このことは言語，文化，宗教など，移民がスウェーデン社会にその差異を保ったまま適合することを意味しており，「多文化社会」への移行を示唆するものであった。この三

121

本柱の導入にあたっては，フィンランド系移民の地位向上を図りたいフィンランド政府の強い意向があったとされている（Svensson 1992）。

この1975年の新移民政策でもうひとつ重要なことは「非政治化の慣習」（den apolitiska traditionen）が確立されたことである。この「非政治化の慣習」とはスウェーデンの移民研究の泰斗であるトーマス・ハンマル（Thomas Hammar）が名付けたもので，移民政策を根本から揺さぶるような議論や，さらに移民政策を否定する政策議論を行わないという暗黙の了解を指す（Hammar 1997：167）。スウェーデン社会ではポリティカル・コレクトネスが徹底されており，反移民政策などは政治的イシューとなりにくいことも指摘されているが（大島2007：80-81），こうした「非政治化の慣習」がスウェーデン政治において長らく移民排斥を訴える政党が有力になることを抑えていたといえよう。

3　揺らぐ寛容な移民受け入れ政策

しかし1980年代に入るとその寛容さにも変化が生じるようになってきた。スウェーデンの難民認定率は100％を誇っていたが，1979年のイラン革命に続き，1981年にはイラン・イラク戦争などが勃発すると，難民申請者全員を受け入れることが次第に困難となってきた。スウェーデンは「いわゆる人道的理由」[3]（s. k. humanitära skäl）と呼ばれる措置で多くの難民を受け入れてきたが，1984年にはその高認定率も維持できなくなっていた。

1988年にはスウェーデン南部のスコーネ県にある町シューボ（Sjöbo）で移民の受け入れの是非をめぐる住民投票が行われた。この住民投票は議会選挙に併せて行われたが，1987年に穏健連合党とロルフ・ストムバリ（Rolf Stomberg）と中央党のスヴェン＝オッレ・オルソン（Sven-Olle Olsson）が共同でコミューンに住民投票案を提出したことに端を発する。スウェーデン全体を議論に巻き込んだこの住民投票の争点は，シューボに割り当てられた15人の難民を受け入れるか否かであったが，結果は受け入れ賛成31％に対して財政的理由による反対が64.2％であった。しかしこの投票結果は難民受け入れの拒絶だけによるものではなかった。スウェーデンは1985年から1994年まで移民の大都市集中を緩

第 9 章　スウェーデン

和するため「全スウェーデン戦略」(Hela Sverige strategin) と呼ばれる政策を
とっており，シューボの受け入れ否決は中央政府のトップダウンに対する地方
自治体の反発であるとの見方もできる (SOU 2006:52)。

　1989年12月13日には社会民主党のイングヴァル・カールソン (Ingvar Karls-
son) 政権は1989年の「外国人法」(SFS 1989:259) を法的根拠として議会に諮
ることなく，難民認定の対象となる者は難民条約の基準を満たす場合に限定す
る方針を決定した。この決定は毎年12月13日に行われるスウェーデンの伝統行
事である「聖ルシーア祭」に因んで「ルシーア決定」(Luciabeslutet) と呼ばれる。
このルシーア決定に関しては野党でも賛否が別れた。穏健連合党，中央党は政
府の決定に賛意を示した一方で，国民党自由，環境党・緑，共産党は政府の決
定を批判した。しかしルシーア決定は1991年の議会選挙において議論の対象に
はなったものの，選挙の重要な争点になることはなかった。というのも，移民
排斥を訴える「新民主」が議席を得るかどうかが大きな政治的関心であった中
で，新民主と距離を置くために既成政党もスウェーデンの難民政策は人道的か
つ寛容であるべきであると主張したからである (Spång 2008 : 67)。1991年の議
会選挙では社会民主党が下野して穏健連合党党首カール・ビルト (Carl Bildt)
を首相とする中道右派連立政権が成立したが，新たにキリスト教民主社会党
（現キリスト教民主党）と新民主が 4 ％阻止条項を上回る得票率を得て新たに議
会政党となった。1980年代後半からスウェーデンでは極右政党が相次いで結党
されたが，新民主の議席獲得は減税とともに「移民問題」を訴えることで有権
者から一定の支持を得ていることの証左であった。新民主は1994年の議会選挙
で議席を失うが，後述するように1988年に結党されたスウェーデン民主党がそ
の後党勢を拡大していく。

　1990年にはカールソン政権がチェル＝オーロフ・フェルト (Kjell-Olof Feldt)
財務大臣を中心に進めた金融自由化によるバブルが弾けて景気が急速に後退し
ていった。1990年には1.6％であった顕在失業率 (öppen arbetslöshet) が1993年
には8.2％に達し，全失業率 (total arbetslöshet) も14％に達しようとしていた。
大不況の時期に勃発したユーゴスラヴィア紛争では多くの難民がスウェーデン
にも押し寄せ，1991年には 2 万7000人であった難民申請者数も翌年には 8 万

123

第 2 部　人の国際移動をめぐる政治

4000人に膨れ上がった。スウェーデンは積極的にボスニア難民を受け入れて無条件に永住権を付与したが、ほどなくしてボスニア人と思われていた難民の大半がコソヴォ出身のアルバニア人であることが判明した。この事態によって政府は批判を浴び、ユーゴスラヴィア出身者は事前の査証取得が義務付けられることとなった。コソヴォ難民の受け入れはコソヴォ紛争が激化した1999年に再び焦点となる。1990年代後半にはスウェーデンの景気も回復しており、スウェーデンも1995年にはEUに、そして翌年にはシェンゲン協定にも加盟した。1999年のアムステルダム条約でEUの共通移民政策が盛り込まれ、2000年のタンペレ欧州理事会でEUの共通移民政策の構築が始まったが、スウェーデンはボスニア難民全体の5％をすでに受け入れていたことからコソヴォ難民の受け入れにはやや消極的であった（Abiri 2000a）。

4　スウェーデンにおける「移民の安全保障化」

1960年代には「外国人問題」が議論となったが、1990年代にはスウェーデンで「移民問題」が頭をもたげてくることとなった。それは移民がスウェーデンにとって安全保障上の脅威として認識される「移民の安全保障化」として現れてくる（Abiri 2000b；清水 2013）。

スウェーデンは受け入れ能力を超えるほどの規模の難民を積極的に受け入れきたが、冷戦終焉後に急増した難民への対処が大きな課題となっていた。1992年12月21日にアンデシュ・ビュルク（Anders Björck）国防大臣は、全防衛（totalförsvar）の民間部門や平時のスウェーデン社会において難民の受け入れが緊張を生む可能性があるとの認識からこうした問題を調査する指令を発した（Dir 1993:4）。それを受けて組織された「脅威と危機調査委員会」（Hot- och risk-utredningen）の政府公式調査書（Statens offentliga utredningar；SOU）では、ロシアの政情不安や原子力事故によって数万～数十万の難民がスウェーデンに流入することが予想され、国防政策の要である全防衛の中でいかに対処いくかがかが問題提起された。さらに1995年の労働市場省の移民政策委員会では、その社会的コストをはじめとして大規模移民が安全保障問題として捉えられ（SOU

1995:75)，さらに同年の国防省報告書では移民問題がヨーロッパ全体で社会的緊張を生むトランスナショナルな非軍事的脅威として位置づけられた（Ds 1995:28）。これはスウェーデンに限られたことではなく，EU とその加盟国においても治安，文化保持，福祉国家の3領域において「移民の安全保障化」が進むと指摘されている（Huysmann 2000）。スウェーデンでは2010年12月11日にストックホルム中心街で「ホームグロウン」の爆弾テロも発生しており，いまだ移民の「脱安全保障化」はされていない。

5　スウェーデン民主党の躍進と福祉国家における移民問題

1992年7月5日付の DN に移民問題に関する世論調査結果が掲載された。世論調査会社のテーモ（Temo）が15歳から75歳までのスウェーデン人1001名を対象にインタビュー形式で行ったこの調査によれば，6割がスウェーデンの移民・難民政策に不満を持っており，その理由として高い社会的コストなどが挙げられている。特にスウェーデンの高水準の福祉政策が移民によってフリーライドされていることが強調され，経済的な脅威として認識されていることが浮き彫りになった（Gezelius 1992）。このような認識は極右のスウェーデン民主党が支持を伸ばしていく基礎となっていった。

2006年の議会選挙で穏健連合党党首フレードリック・ラインフェルト（Fredrik Reinfeldt）を首相とする中央党，国民党自由，キリスト教民主党の中道右派連立政権が成立した。これら4党は選挙前から連立を組む契約を交わしており（渡辺 2009），自らを「スウェーデンのための同盟」（Allians för Sverige）と称し，同盟を意味する「アリアンセン」（Alliansen）の略称で定着している。この2006年議会選挙でスウェーデン民主党は4％の阻止条項をクリアできなかったものの，2.9％の得票率を記録して大きく躍進した。そして2010年議会選挙では4％条項を上回る5.7％の得票率で20議席を有する議会政党となった。米同時多発テロ直後に微増するものの，反移民感情は近年では減少傾向にあることと指摘されている中で（Demker 2007），なぜスウェーデン民主党は党勢を伸ばすことができたのだろうか。

第2部　人の国際移動をめぐる政治

　その鍵となるのが2006年の政権交代の要因である。2006年の政権交代では社会民主党が下野したものの，結果的には社会民主主義の勝利であったとする見解が有力である（Rothstein 2006；Möller 2007：304f；Aylott & Bolin 2007；Agius 2007）。その理由として，社会民主党の提示する従来の福祉国家モデルに対して，アリアンセンは企業減税や労働市場の活性化によって高福祉を維持する独自の福祉国家モデルを提唱していたため，それまで選挙のたびに争点になってきた社会民主党の政治路線がすでに超党的に共有されたと見ることができるからである。このようにスウェーデンの福祉国家モデルの方向性が争点となった選挙において，スウェーデン民主党は移民問題を念頭に「安心と伝統」（Trygghet & Tradition）を標語とする党綱領のもとで福祉ショーヴィニズム的なスウェーデン人優先型の福祉国家モデルを訴えることで有権者の支持を拡大し議席を獲得するに至った（清水 2011）。

　2014年議会選挙では社会民主党が第一党となり，ステーファン・ルヴェーン（Stefan Löfven）を首相とする環境党・緑との中道左派連立政権が成立したが，過半数に満たない少数政権として厳しい議会運営を余儀なくされている。そのため，49議席を得たスウェーデン民主党はキャスティング・ヴォートを握るまでになった。スウェーデンでは与党の予算案に反対する場合，対案となる独自の予算案を議会に提出しなければならないことになっており，野党のアリアンセンとスウェーデン民主党はそれぞれ独自の予算案を作成して議会に提出した。しかしスウェーデン民主党は自党の予算案ではなく，アリアンセンの予算案に賛成することを示唆してルヴェーン政権に揺さぶりをかけた。スウェーデン民主党がアリアンセンの予算案に賛成して政府案を廃案に追い込めば，内閣総辞職もしくは再選挙を迫られることになる。代替案としては，補正予算案を組むかそれとも野党アリアンセンの予算案を執行する手段もあり得るが，いずれにせよ現在スウェーデンにおいて与党の予算案が否決されることは前例のないことであり，ルヴェーン政権は窮地に立たされることとなった。2014年12月3日，スウェーデン民主党はアリアンセンの予算案に賛成し，与党の予算案は廃案となった。ルヴェーン首相は再選挙の意向を表明したが，2014年12月27日にアリアンセンと2022年の議会選挙まで効力を有する「12月合意」（Decemberöverenskommelsen）を交わして，引き続き協議が必要なものの与党の予算案が執行されることに合意した。12月合意によってルヴェーン首相は再選挙の意向を取り下げたが，ポピュリストであったかつての新民主とは異なり，スウェーデン民主党の影響力は無視できないほどになっている。予算案をめぐる与野党の攻防が続く中，キリスト教民主党のユーラン・ヘッグルンド（Göran Hägglund）党首は DN の「討論欄」に寄稿し，難民の受け入れには引き続き寛容であるべきとしながらも，いまや移民問題はスウェーデン社会で広く議論の対象となっていることに鑑みれば，その受け入れコストを削減する必要があると提案している。すなわち，難民の就業を促進させるために補助金を削減すること，在留許可はまず 3 年の一時的なものにすること，そして安全と考えられる国からの難民申請はより迅速に審査するべきであるとの見解を示している。特にスウェーデンは他の EU 加盟国とは異なり難民申請者に永住権を付与する方針をとっているいが，EU と足並みを合わせることでコスト削減を図ることが可能であるとしている。

　ラインフェルト政権期の2008年12月15日には，EU および EEA 加盟国ならびにスイス以外からの労働移民の招致が再び解禁されるなど開かれた政策がとられているものの（Prop. 2008:147），スウェーデン民主党の躍進と難民の急激な増加によってかつての「非政治化の慣習」が大きく揺らぎはじめているといえよう。最新の世論調査によれば，労働者層の有権者の間では社会民主党を抑えてスウェーデン民主党が最も支持されているという結果も出ている（Eriksson 2015）。

6　セグリゲーションとこれからの課題

　第 2 節で取り上げたように，1960年半ばには移民の間に広がる疎外感が「外国人問題」として議論されたが，今日では「セグリゲーション」（segregation）という社会問題にスウェーデンは直面している。セグリゲーションとは，社会を構成している集団間の空間的分離と定義され，エスニシティや社会・経済的属性に応じて形成される人口の地域的特化現象を意味する（濱島・竹内・石川

第 2 部　人の国際移動をめぐる政治

2005)。この用語がスウェーデン社会で大きくクローズアップされたのは，
2013 年 5 月にストックホルムで連続的に発生した暴動のときであった。この暴
動はストックホルム北西部の郊外にある新興住宅地で発生したが，ヒュース
ビュー（Husby），リンケビュー（Rinkeby），テーンスタ（Tensta）などいずれも
移民が多く居住する地域として知られる場所であった。ストックホルム暴動か
ら約 7 年前の 2006 年 10 月にもスウェーデン第四の都市であるマルムー
（Malmö）にある新興住宅街のローセンゴード（Rosengård）でも同様に暴動が
発生している。これらの新興住宅街は大都市の住宅不足に対応するために「100
万戸プログラム」と呼ばれる住宅供給計画によって 1965 年から 1974 年にかけて
開発された地域であり，社会民主党が進める福祉国家建設における繁栄の象徴
であった。しかしこれらの地域はやがて「移民街」へと変貌していき，現在で
は深刻な老朽化の問題も抱えている。さらにこれらの地域では若年層（20〜25
歳）の失業率は全国平均よりも 1.5 〜 2 倍ほど高く（Arbetsmarknadsdeparte-
mentet 2012），特にスウェーデン国外出生者の失業率は OECD 加盟国の中で最
も高いことが指摘されている（Rosén 2013）。

　このようなセグリゲーションが深刻な問題となっている地域では，「イス
ラーム国」による勧誘が行われており，若年層の男女がスウェーデンから「イ
スラーム国」に参加する事例が確認されている。その規模は正確には明らかで
ないが，未確認情報も含めれば 200-300 人にのぼると推測される。スウェーデ
ンから「イスラーム国」へ参加する者を食い止めるべくスウェーデン政府も対
策を打ち出しているが，セグリゲーションを解消する有効な手立てが求められ
ている（清水 2015）。

　現在ヨーロッパには中東や西アジアなどから非常に多くの難民が押し寄せて
いる。2015 年 7 月 6 日にハンガリー議会はセルビアとの国境に全長 175 キロに
わたって高さ 4 メートルのフェンスを建設することを採決したが，ドイツやス
ウェーデンを目指して一層増加すると見込まれる難民にどのように対処してい
くのかがスウェーデンのみならず，ヨーロッパ全体にとって今後大きな問題と
なっていくであろう。

第9章　スウェーデン

注

1） 本書の目的からは逸れるため詳述は避けるが，この画一的な社会整備が戦後のスウェーデンにおける高水準の福祉国家体制形成の基盤となった。

2） 文部科学省科学研究費補助金基盤研究(B)「アラブ系移民／難民の越境移動をめぐる動態と意識：中東と欧州における比較研究」（研究課題番号：26283003，研究代表者：錦田愛子）で行った現地調査に基づく。

3） 「いわゆる人道的理由」の概念は1997年の外国人法で「その他の保護必要者」（skyddsbehövande i övrigt）として法的根拠が付与された。現在でも半数以上の難民がこの枠で難民認定されている。

参考文献

Abiri, Elisabeth（2000a）"Sweden: The Kosovars and Refugee Policy Changes―'Isn't it best for everyone if they stay close to home?'", Joanne van Selem ed., *Kosovo Refugees in the European Union*, London: Pinter, pp. 91-117.

―――（2000b）*The Securitisation of Migration. Towards an Understanding of Migration Policy Changes in the 1990s. The Case of Sweden*, Göteborg: Department of Peace and Development Research, Göteborg University.

Agius, Christine（2007）"Sweden's 2006 Parliamentary Election and After: Contesting or Consolidating the Swedish Model?", *Parliamentary Affairs*, Vol. 60, No. 4, pp. 585-600.

Arbetsmarknadsdepartementet, *Urbana utvecklingsområden. Statistisk uppföljning utifrån sju indikationer. Dnr A2012/4115/IU*, november 2012.

Aylott, Nicholas and Bolin, Niklas（2007）"Towards a Two-Party System? The Swedish Parliamentary Election of September 2006", *West European Politics*, Vol. 30, No. 3, pp. 621-633.

Berglund, Tobias och Sennerteg, Niclas（2008）*Svenska koncentrationsläger i tredje rikets skugga*, Stockholm: Natur och Kultur.

Demker, Marie och Malmström, Cecilia（1999）*Ingenmansland? Svensk immigrationspolitik i utrikespolitisk belysning*, Lund: Studentlitteratur.

Demker, Marie,（2007）"Attitudes toward immigrants and refugees. Swedish trends with some comparisons", *Paper to be presented at International Studies Association 48th Annual Convention, February 28―March 3 2007, Chicago, Illinois, USA. Panel: The Politics of immigration and integration*,（unpublished）.

Dir. 1993:4 *Utredning om påfrestningar och risker i det fredstida samhället samt om vissa frågor inom totalförsvarets civila del.*

Ds 1995:28 *Sverige i Europa och i världen.*

Eriksson, Göran "SD störst bland arbetarväljare", *Svenska Dagbladet*, lördagen den 22 augusti 2015.

Gezelius, Mats "Nationalitet styr syn på flyktingar", *Dagens Nyheter*, söndagen den 5 juli

第2部　人の国際移動をめぐる政治

1992.

Hammar, Thomas（1997）"Flyktingpolitiken i hetluft", Leifland, Leif, *et al.* red., *Brobyggare. En vänbok till Nils Andrén*, Stockholm: Nerenius & Santérus, ss. 165-177.

Huysmans, Jef（1995）"Migrants as a security problem: dangers of 'securitizing' societal issues", Miles, Robert and Thränhardt Dietrich eds., *Migration and European Integration. The Dynamics of Inclusion and Exclusion*, London: Pinter, pp. 53-72.

Hägglund, Göran "Så kan vi minska kostnaden för flyktingmottagandet", *Dagens Nyheter* torsdagen den 18 december 2014.

Möller, Tommy（2007）*Svensk politisk historia. Strid och samverkan under tvåhundra år*, Stockholm: Studentlitteratur.

Prop. 1927:198 *Kungl. Maj: ts proposition till riksdagen med förslag till lag om utlänningsrätt att här i riket vistas.*

Prop. 1975:26 *Regeringens proposition om riktlinjer för invandrar-och minoritetspolitiken m. m.*

Prop. 2008:147 *Nya regler för arbetskraftsinvandring.*

Román, Henrik（1994）*En invandrarpolitisk oppositionell. Debattören David Schwarz syn på svensk invandrarpolitik åren 1964-1994*, Uppsala: Center for Multiethnic Research.

Rosén, Hans "Sverige sämst på jobb för utrikes födda", *Dagens Nyheter*, fredagen den 24 maj 2013.

Rothstein, Bo "Valet en triumf för Socialdemokraterna", *Dagens Nyheter*, onsdagen den 20 september 2006.

Schwarz, David "Utlänningsproblemet i Sverge", *Dagens Nyheter*, onsdagen den 20 augusti 1964.

SOU 1946:34 *Parlamentariska undersökningskommissionen angående flyktingärenden och säkerhetstjänst I. Betänkande angående flyktingars behandling.*

SOU 1946:93 *Parlamentariska undersökningskommissionen angående flyktingärenden och säkerhetstjänst II. Betänkande angående utlämnande uppgifter av flyktingar.*

SOU 1948:7 *Parlamentariska undersökningskommissionen angående flyktingärenden och säkerhetstjänst III. Betänkande angående säkerhetstjänstens verksamhet.*

SOU 1995:75 *Svensk flyktingpolitik i globalt perspektiv.*

SOU 2006:52 *Diskrimineringens retorik — En studie av svenska valrörelser 1988-2002.*

Spång, Mikael（2008）*Svensk invandringspolitik i demokratiskt perspektiv. Swedish Immigration Policy and Democratic Legitimacy.* Current themes in IMER Research number 8, Malmö: Malmö University.

Svanberg, Ingvar och Tydén, Mattias（1992）*Tusen år av invandring. En svensk kulturhistoria*, Stockholm: Gidlunds Bokförlag.

Svensson, Anders（1992）*Ungrare i folkhemmet. Svensk flyktingpolitik i det kalla krigets skugga,* Lund: Lund University Press.

大島美穂（2007）「北欧諸国――EU のつまずきの石か，新たな発信源か」大島美穂編『EU スタディーズ 3 国家・地域・民族』勁草書房，73-90頁。

清水謙（2011）「スウェーデンの2006年議会選挙再考――スウェーデン民主党の躍進と2010年選挙分析への指標」『ヨーロッパ研究』10号，7-27頁。

清水謙（2013）「スウェーデンにおける「移民の安全保障化」――非伝統的安全保障における脅威認識形成」『国際政治』172号，87-99頁。

清水謙（2015）「スウェーデンの中の「イスラーム国」――セグリゲーションに潜むその広がり」『中東研究』522号，63-71頁。

濱島朗，竹内郁郎，石川晃弘（2005）『社会学小辞典〔新版増補版〕』有斐閣。

渡辺博明（2009）「2006年スウェーデン議会選挙と政権交代――「選挙連合」と中道右派政権の成立」『選挙研究』25巻 2 号，23-27頁。

第10章

リトアニア・ラトヴィア
——東欧の E(Im)migration 問題の極端例として

中井　遼

1　2014年欧州議会選挙と東欧の状況

　2014年の欧州議会選挙では，イギリスの独立党（UKIP），フランスの国民戦線（FN），オランダの自由党（PVV）などの極右政党や反 EU 政党が議席を伸ばした。この現象が，日本においても，欧州社会における多文化主義や移民政策の失敗というセンセーショナルな報じられ方をしたのは記憶に新しい。

　ところがいわゆる極右政党・反 EU 政党の台頭が明確に見られたのは西欧・北欧の諸国が多く，EU28カ国中の11国を構成する旧共産主義圏の構成国に目を向けると，ハンガリーで極右と見られるヨッビク（Jobbik）が議席を維持したことを例外として，ほかの諸国では同選挙で極右政党の議席拡大ないし新規参入は見られなかった。欧州懐疑主義的なスタンスで有名であったチェコの市民民主党（ODS）は，同選挙においてむしろ議席を減らしたほどである。

　移民流入をめぐる問題が政治的な対立点となり，ポピュリスト的でゼノフォビックな右翼政党が勢力を伸ばす，という事態が発生するためには，国内に多くの移民が流入し社会的な重要課題となっていることが前提として想定されている。ところが，通常，移民先として好まれるのは経済的な発展を遂げた諸国であって，この前提はかならずしも東欧諸国では共有されていない。移民の流入とその反感に基づく政党の台頭，といった一連の展開は，必ずしも欧州全土に共通する構造ではないのではないか，というのが本章の有する問題関心である。それは EU の中の西側という旧加盟諸国に限った現象であって，相対的に

132

第10章　リトアニア・ラトヴィア

後進性を有する旧共産圏の東欧諸国では，そもそも欧州圏内外からの移民流入自体が少なく，むしろ旧加盟国への流出が顕著ですらある。

　しかし誤解してはならないのは，東欧地域で移民流入が相対的に少ない事が，この地域において人の移動一般に関する社会問題が存在しない，という事を意味するわけではないし，また同地において排他的な極右政党や欧州懐疑的な政党が存在していないという，という事を意味するのでもない，という点である。東欧諸国には，それ固有の人の移動に関する問題があるし，移民流入とはまた別の文脈で先述のような勢力が現れる背景がある。

　以下では，まず，東欧のEU新規加盟諸国は旧加盟諸国との比較において相対的に移民流入国ではないこと，さらに自国民の流出が重大性を有している国も多い事を示す。対象となるのは，2004年の第5次拡大（前半）でEU加盟国となった，エストニア，ラトヴィア，リトアニア，ポーランド，チェコ，スロヴァキア，ハンガリー，スロヴェニアの8カ国である。2007年には第5次拡大の後半としてルーマニアとブルガリアが，2013年にはクロアチアがEU加盟を果たしているが，これらの国々は前述の8カ国とは異なりシェンゲン協定国ではないため，人の移動を論じるに当たっては同列に扱い難く，本章では取り扱わない。その後に，人口流出という面においてもっとも典型的な傾向を示しているラトヴィアとリトアニアに着目して，より具体的な分析を提示する。当該諸国の分析を通じて，移民流入を殆ど経験していない両国にも欧州懐疑的・極右的な政党が存在する事，そしてそのような政党を有する両国の政党システムが，自国の抱える人口流出という問題に対して，どのような振舞いを示しているかを概説する。リトアニアとラトヴィアは，やや異なった様相を見せているため，それに関する簡潔な比較検討を含めて全体の結論へと導く。

2　東欧における人の移動の実態

　東欧諸国によるEU加盟以来，およそ10年が経過した。その間のEurostatの統計情報を見ると，これらの国々の人口流入と人口流出のバランスには，一定の差異があることがわかる（図表1）。ハンガリーとスロヴァキアの2カ国は

133

第 2 部　人の国際移動をめぐる政治

図表 1　中東欧各国の人口流出入による人口変化率（％）
（流入人口数−流出人口数）／年始人口数

	2004	2005	2006	2007	2008	2009	2010	2011	2012	2013
Czech R.	0.18	0.36	0.34	0.82	0.55	0.13	−0.12	−0.27	−0.11	0.04
Estonia	−0.13	−0.23	−0.24	−0.05	−0.05	−0.06	−0.19	−0.19	−0.28	−0.20
Hungary	n.d.	n.d.	n.d.	n.d.	0.28	0.17	0.12	0.13	0.11	0.04
Latvia	−0.67	−0.49	−0.40	−0.36	−1.02	−1.59	−1.68	−0.97	−0.58	−0.70
Lithuania	−0.95	−1.52	−0.75	−0.67	−0.51	−1.01	−2.48	−1.25	−0.71	−0.57
Poland	−0.02	−0.03	−0.09	−0.05	−0.07	−0.11	−0.17	−0.29	−0.15	−0.15
Slovakia	0.07	0.12	0.18	0.24	0.24	0.20	0.17	0.06	0.06	0.04
Slovenia	0.10	0.32	0.31	0.71	0.92	0.57	−0.03	0.10	0.03	0.02

出典：筆者作成。計算元のデータ出典は Eurostat。ハンガリーのみ2007年以前の流出人数データ
が Eurostat 上に不在

　流入の方が一貫して優勢であり，エストニア，ラトヴィア，リトアニア，ポー
ランドの 4 カ国は人口の流出が一貫して優勢である。チェコとスロヴェニアは
流出優位と流入優位の双方を経験しており，中間的な位置にあるといえる。
　ただし，ここで注意しなければいけないのは，流入人口が流出人口を上回っ
ているケースであっても，その流入人口の殆どが同国国籍保有者の人間の再入
国であって，他国からの移民ではないケースである。たとえば，2012年の Eu-
rostat のデータに基づくと，スロヴァキアの流入人口の45.7％は同国国籍保有
者の帰還である。また，同国国籍者の流入ではなくとも，その流入移民が先進
国からの流入なのか開発途上国からの流入なのかでは，国内における移民問題
に対する含意・インパクトが異なる。
　そこで流入人口のうち，「同国国籍保有者」「欧州出身者」「非欧州先進国出
身者[1]」を除いた人口を，非欧州・非先進国出身移民比率として算出すると，多
いチェコやポーランドでも20％台，少ないラトヴィアやリトアニアでは 5 ％以
下にすぎない（図表 2 ）。ここまで算出してきた，流出入による人口変化率（2009
-2013年平均）と，流入移民中の，非欧州・非先進国出身者率（2012年データ）を，
横軸と縦軸にそれぞれ取ったものが，図表 3 である。なお，参照用として，同
様のデータ処理を行った旧加盟国（本書第 2 部で扱われている諸国及びベルギー及び
南欧 3 カ国を選んだ）の位置も示す。

134

図表2 流入人口における,非欧州・非先進国出身者の比率(2012年データ)

Czech Republic	Poland	Slovenia	Hungary	Estonia	Slovakia	Lithuania	Latvia
25.3%	20.1%	19.4%	16.5%	14.5%	7.3%	3.9%	3.4%

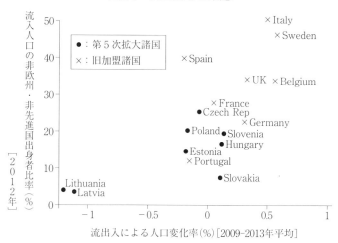

図表3 人口流出入の実態

出典:図表2・図表3はEurostatデータを元に筆者作成

　総合的にみて東欧諸国は,EU旧加盟諸国ほどには流入による人口増を経験していないし,仮に流入人口が上回っているとしても,その中における非欧州・非先進国出身者の比率は旧加盟諸国ほど高くない。チェコやスロヴェニアの状況は,旧加盟国にやや近いものがあり,その後にハンガリー・ポーランド・エストニア・スロヴァキアなどの国が続く。そして何よりも目を引くのは,ラトヴィアとリトアニアの2カ国の極端さである。

　問題となるのは,このような人の移動をめぐる問題が,国内政党政治の文脈でどのように受容され,連関付けられているのか,である。そのような質的な分析を8カ国すべてで行うことは現実的ではない。以下では,人口流出をもっとも極端に示している2カ国,リトアニアとラトヴィアの事例を取り上げる[2]。以下ではそれらの各国の状況もふまえつつ,人口流出の実態,さらに国内政治

第2部　人の国際移動をめぐる政治

の状況について概説する。

3　リトアニアの状況

　欧州大の人の移動をめぐる問題を取り扱う以上，リトアニアが置かれた，やや特殊な地位には言及しておく必要があるだろう。リトアニアの西には，ロシアの飛び地であるカリニングラードがあり，同地とロシア本土間の陸上移動のためには，（ベラルーシを経由して）リトアニアを超える必要がある。すなわち，リトアニアが EU に加盟し，その後欧州シェンゲン圏に加わった事で，カリニングラードは EU が抱えるロシアの飛び地（そして出入国管理問題の焦点）となった。そのため2003年4月の欧州連合理事会では，簡易査証としての Facilitated Transit Document（FTD）の導入が決定され，ベラルーシおよびロシアと，リトアニアの国境において，本文書に基づく出入国許認可業務が実施されている[3]。とはいえこの FTD は，あくまでリトアニアをバイパスして行われる人の移動に影響するもので，リトアニア国内が抱える人口流出を規定するものではない。その特殊な地位ゆえに人口流出が顕著である，という事ではないのである。

　なぜ，かくもリトアニアでは人材流出が顕著なのか。最大の要因はその相対的な経済的後進性である。多くの人々がよりよい稼ぎを求めて国外へ，特に欧州内ではアイルランド，イギリスやドイツへ多く移住している[4]（Brucker *et al.* 2013）。ある報道が示すところによると，リトアニア国外に移住した60%の人々が母国に帰らない理由として，その経済的状況の悪さを挙げている（Pumprickaitė 2015）。また経済的要因だけではなく，リトアニア社会における寛容さの欠如も，56%の回答者が挙げている。そのため，移民先で職を失っても，現地に残り仕事を探し続ける，ないし第三国に移転して仕事を探すなどして，リトアニアには帰国しない層が多い事が指摘されている（Sipavičienė and Stankūnienė 2013）。

　リトアニアでは，国外への人口流出が重大な課題であって，国内への移民流入は殆ど存在しない。しかしその事は，リトアニアで極右政党・反 EU 政党が

136

第10章　リトアニア・ラトヴィア

存在しない事を意味しない。欧州議会会派が「自由と民主主義のヨーロッパ」（EFD），欧州政党がADDEという，（英国のUKIPと同じ所属状況である）ハードな欧州懐疑主義政党として，「秩序と正義」（TT）が同国では長らく議席を有し，近年は連立与党としても活動している。同党は，一部からカリスマ的な人気を得る，ローランダス・パクサスを首領として2000年代に立ち上げられた政党であり，エネルギー問題に関する国粋主義的なスタンスで着目を集め，特に反既存政党色を前面に出して国政に参入した。党首個人の人気に依拠するポピュリスト政党と当初は見られていたが，その後の党首のスキャンダル騒動以降も堅実に議席を確保しており，リトアニア政党政治に着実に根を下ろし始めている。

　より極右的な政党・団体の例としては，「リトアニア民族主義連合」（LTS）が存在する。同党は，2013年にリトアニア・ラトヴィア・エストニアそれぞれの極右陣営と合同で，明確に反移民・反多文化主義・反EUを唱えた「バウスカ宣言」[5]に署名しているが，近年の国政では議席を有しておらず，その存在感は，今のところ，非常に周辺的な物である。

　ではこのような政党システムの中で，リトアニアにおける激烈な人口流出の問題はどのような政治的争点として構成されているだろうか。研究者・ジャーナリストらの中には，危機的な人材流出・頭脳流出の問題として警鐘を鳴らす者もいたが，政治的に大きな争点としては取り組まれてはいなかったのが実情であった（Sipavičienė and Stankūnienė 2013）。ただし，変化の兆候も見られる。国内人口が大台の300万人を割った事実が重く受け止められた2015年の初夏，連立与党3党により，移民流出は国家の危機であると規定する決議案が提案された。具体的な数値目標としては，国民の18％が国外に流出している現状を，9％にまで減少させる事が提起されている（BNS 2015a）。野党の一部からは，同決議は具体性のない，ただの人気取りだとして非議する意見も示されたが，その理念自体には反対していない。

　興味深いのは，本協定を発議したのが，先述の「秩序と正義」である事である（BNS 2015b）。リトアニアの人口流出を加速させた一因には，紛れも無くリトアニアのEUおよびシェンゲン圏加盟がある。強硬な欧州懐疑派の政党であれば，この状況に対して「EUからの離脱が問題の解決策になる」という提案

第2部　人の国際移動をめぐる政治

を行う事は（理屈としては）考えられる事態だろう。また，人口流出の多さを
不都合な事実として黙殺することもできる。ところが，リトアニアの議会政党
の中で，もっとも EU に対して懐疑的と目される同党が，EU 加盟に伴う同国
の人口流出に関する問題意識を適切に有し，EU に属したままである事を前提
とした積極的な解決策を少なくとも決議レベルとはいえ打ち出した事は，意外
な事の様にも思われる。

4　ラトヴィアの状況

　ラトヴィアは，非自国籍保有者のうちの非 EU 圏の出身者率が，EU でもっ
とも高い国である（Eurostat 2015）。ところが，これはラトヴィアがもっとも
EU 圏外からの移民流入に積極的であったことの結果ではない。そのほとんど
は，ラトヴィアの独立回復時にラトヴィア市民権を与えられなかった，（かと
いってロシア連邦の国民でもない）国内ロシア語系マイノリティである。ラトヴィ
アはその独立にあたって（隣国エストニアとともに）極めて民族主義色の強い諸
政策を採用し，国内ロシア語系住民の政治的・社会的影響力を抑制しようとし
た。かつてはこの事が，1990年代にラトヴィア国内からの人口流出を招く大き
な要因であった。特にソ連末期にラトヴィアに移住していた者たちは，ロシア
への「引き揚げ」が容易だったからである。だが，それを原因とした人口流出
の波はとうに越えており，EU 加盟の2004年の時点で，国内のロシア語系住民
の過半数はラトヴィアで出生した者たちであった（中井 2015：138）。むしろ，
彼らの多くは依然としてラトヴィア市民権を有せず（ラトヴィアの「非市民パス
ポート」という物を保有する）法的に EU 市民ではないため，シェンゲン圏内の
国家で生まれ育ちながら，その圏内における自由移動の利益を受ける事ができ
ない（ただしそれでもラトヴィアを脱出しようとする者は多いが）。

　ラトヴィアからの人口流出の原因は，リトアニアと同様にその相対的な経済
的後進性である。西欧・北米諸国に移住するケースが非常に多く，かつてはド
イツやアイルランドへの流出が多かったが，近年はノルウェーやイギリスも増
えている（Brucker *et al.* 2013；Hazan 2013）。ラトヴィアの学生の50％以上が，

第10章　リトアニア・ラトヴィア

自身ないし家族の経済状況向上のためにラトヴィアを離れる計画を立てており，他方で，一旦海外に移住した者のうち5年以内に帰国する意図の有るものは，わずか20％程度でしかない（Hazan 2013：87-92）。

　反面，ラトヴィアは，第2節で確認したとおり移民の流入が非常に少なく，特に，流入人口中の非欧州・非先進国の出身者比率が最も低い国である。しかしだからといって，極右政党や反EU政党が存在しないわけではない。まず，先述のように国内に多くのロシア語系住民を有したことは，ナショナリスティックな政党を涵養する土壌となった。政党「祖国と自由のために」（TB/LNNK）は，ラトヴィア独立回復運動で重要な役割を果たし，その強いラトヴィア民族主義（と裏返しとしての反露主義）で人気を集め，歴代のほとんどの政権にも参画していた。本政党はナショナリストではあるが，強硬な反EU政党ではなく，欧州議会の会派は「欧州保守改革同盟」（AECR）かつ所属欧州政党はECRであり（英国の保守党と同じ所属状況），穏健な欧州懐疑政党であった。

　より極的な議会外政党としては「すべてをラトヴィアのために！」（VL!）が存在した。2002年前後に過激派青年組織として結成され，極右集団・ネオナチとの認識が一般的であった（リーダーのライヴィス・ヂンタルスが若い頃に，党腕章をつけ，軍服・ローマ式敬礼・スキンヘッドの友人とつるんでいる写真は有名である）。同組織は先述のリトアニアのLTSと同様，国会には議席を有してはいなかった。だが2010年に，先述のTB/LNNKとの連合が成立し，「国民連合」（NA）が誕生した。ヂンタルスは同連合の合同党首となった。

　ラトヴィアにおいてもリトアニア同様，人材流出・頭脳流出の問題として移民流出の問題は関心と警戒感を持たれていたが（例えばMcIntosh 2009），政治的には目立った対応がとってこられなかった。そしてその状況は現在も続いているように解される。2010年に就任したベールジンシュ元大統領は例外的に，この問題に対して政治的イニシアチブをとろうとし，2013年に，「われわれにとって現在もっとも深刻な脅威は，人間の流出である」（LETA 2013）と表明したり，2014年総選挙後の内閣再編時にも，移民流出に対応するよう念を押していた（The Baltic Course 2014）。ところが議会政党の動きは今のところ低調である。左派系の政党が移民流出問題に比較的早期から具体的な提言をしつつも

第2部　人の国際移動をめぐる政治

(Akule 2010)，同党がロシア系マイノリティの支持が厚い政党であることから，同国の国政における連立交渉等からは一貫して排除されているため，国政の場で本問題が大きく取り上げられる事はあまりない。

　このような状況下で，先述の「国民連合」が取っているスタンスは，リトアニアとはいささか対照的である。端的に言えば，近年の国民連合は，ラトヴィアには殆ど来ていないはずの，欧州外からの移民・難民による人口流入の脅威を喧伝しフレームアップする事で支持を拡大しようとしているし，また実際に支持率を高めている。そもそも，同党（を構成する VL）こそが，先述の「バウスカ宣言」の主導者でもある。TB/LNNK 時代には殆ど見られなかったような，アフリカ系黒人への人種差別やイスラモフォビアに基づく言説も頻繁に見られるようになってきている。反イスラム色を表に出して脅威を煽り，政治的支持を獲得しようとする手法は，西欧の一部極右政党と類似した面といえよう。

5　全体の考察と含意

　本章では，欧州東側の新規加盟国を対象に，その人口流出入の実態を把握するところから分析を進めた。欧州内では相対的に経済的に劣位に有るこの地域では，旧加盟国に比べて人口流出入の比率が流出優位に寄る傾向があるし，また国内に流入する移民のうち，欧州圏外の非先進国からやってくる者も非常に少ない。しかし，その傾向がもっとも顕著なリトアニアとラトヴィアでも，欧州懐疑的な政治勢力・反移民的な政治勢力は実のところ存在した。ただし，それを含めた両国の国内政治が，より深刻な問題であるはずの人口流出に対してとった対応には，多少の差異があるのではないかと本章では考察した。

　なぜリトアニアとラトヴィアでは，人口流出入に対する（特に欧州懐疑的な政党の）対応に差が出たのであろうか。その分析は本書の主題ではないが，さしあたり3つの要因を述べておきたい。まず，政党政治上の要因としては，ラトヴィアで，一定の政治的影響力を有する議会政党 TB/LNNK と，過激で排他的な言説を用いる議会外勢力 VL の連合が成立し，排他的な言説が動員力のある組織をベースにして拡散されたのに対し，リトアニアでは，一定の影響力を

140

有する議会政党 TT と，極右的な傾向を持つ LTS の連合は発生しなかったことが挙げられる。次に，それに関連して，リトアニアの TT とラトヴィアのTB/LNNK では，その欧州懐疑主義の強度としては前者の方が強かったものの，自民族文化の防衛という論理を（ロシアの影響からの離脱という文脈において）明確に掲げていたのはむしろ TB/LNNK の方であり，「自民族文化の防衛」という点を結節点としてゼノフォビアと結びつきやすかったとも言えそうである。また，歴史文化的な説明として，リトアニアでは小規模ながら中世からの伝統的なイスラムコミュニティ（リプカ・タタール人）が存在し，極右過激派勢力ですらこれらのイスラムコミュニティをモデル・マイノリティとして（部分的に）認める言説が存在したのに対して（Račius 2013：148），ラトヴィアではそのような歴史文化的な背景が存在していなかったため，「イスラム化の阻止」という発火力の強い扇情的な動員が可能だったことも挙げられよう。

　東欧では移民流入は相対的に少なく，さらにリトアニアやラトヴィアはその極致にあるといえる 2 国である。この 2 カ国の経験が示す含意は何であろうか。少し踏み込んで言えば，それは恐らく「「極右政党・反 EU 政党が台頭するのは，EU の行き過ぎた移民流入（を支える多文化主義）に憤る有権者が，それを求めた結果である」という理解の一面性・表面性」であろう。移民がほとんど流入していない国家でも，他の要因によって極右政党・反 EU 政党は存在しうるし，政党側が社会問題を喧伝主導して有権者に脅威感を抱かせ自らの支持基盤とする事もある，という事実をリトアニアと（特に）ラトヴィアの事例は示している。そして実はそれと同じようなメカニズムは，旧加盟国のケースにも，内包されているのではないだろうか。

注
1 ）　Eurostat 上では，欧州出身者は「EU27 カ国市民」「EFTA 加盟国民」「EU 加盟候補国」すべてを含むカテゴリとして定義されている。「非欧州先進国」は，同データ上の「Non-EU27 highly developed countries」であるが，どの国が該当するのか明記されていない。恐らく OECD 諸国であろうと推察される。
2 ）　この 2 カ国の事例を，西欧諸国との対比で東欧諸国が有する状況を最も極端に示した"典型例"と見るか，あるいはむしろ"例外"と捉えるかは読者によって異なるだろう。

第2部　人の国際移動をめぐる政治

　だがその違いによって，結論の含意が大きく影響されることはないものと考える。

3）　鉄道を利用する場合には，別途 Facilitated Railway Transit Document（FRTD）が発行される。

4）　特にアイルランドとイギリスは，中東欧の EU 加盟にあたって同地域からの労働移民流入規制をかけなかった（田中 2006：50）。

5）　バウスカはラトヴィアの地名。現状，公式には各国語の文書しか存在しないが，白人至上主義者のポータルサイトとして有名な Stormfont.org で英訳版を読む事ができる（https://www.stormfront.org/forum/t990066/）。なおラトヴィア代表は後述の「すべてをラトヴィアに」，エストニア代表は「保守人民党」（EKRE）である。EKRE は2015年のエストニア国政選挙で議席を獲得した。

6）　そのような経緯からか，リトアニアの宗教団体協会法第5条では，イスラム教スンニ派が，他のキリスト諸宗派などと同列に「リトアニアの歴史的・精神的・社会的財産を構成する9つの伝統的宗教」の1つとして定義されている。

参考文献

Akule, Dace（2010）"Imigrācija un Emigrācija Priekšvēlēšanu Programmās Pirms 2010. Gada Vēlēšanām," *Providus.lv*, 30th September, 2010.

BNN（2015a）"Lithuanian Parties Ink Target on Half-less Emigration and Larger Population," *Baltic News Network*, 2nd July 2015.

BNS（2015b）"Lithuanian Opposition Parties to Snub National Agreement on Emigration," Baltic News Service via *delfi.lt*, 26th June, 2015.

Brücker, Herbert et al.（2013）*Education, Gender and International Migration : Insights from a Panel-dataset 1980–2010*, mimeo.

Eurostat（2015）"Migration and migrant population statistics," Eurostat website 'Statistics Explained'. http://ec.europa.eu/eurostat/statistics-explained/index.php/Migration_and_migrant_population_statistics（last visited, 30 August 2015）

Hazan, Mihails（2013）"Emigration from Latvia: Recent Trends and Economic Impact," OECD ed., *Coping with Emigration in Baltic and East European Countries*, Paris: OECD Publishing, pp. 65–110.

LETA（2013）"Andris Bērziņš: Latvijai Lielākais Drauds ir Cilvēku Emigrācija," *Latvijas Avize*, 13th June, 2013.

McIntosh, Kate（2009）"The Great Brain Drain," *The Baltic Times*, 21st January, 2009.

Pumprickaitė, Nemira（2015）"World Lithuanian Community Leader: Lithuania was a Different Country When I Left," *Delfi.lt*, August 4th, 2015.

Račius, Egdūnas（2013）"The Place of Isalamophobia/Muslimophobia among Radical Lithuanian Nationalists—a Neglected priority?," Mats Deland *et al.* eds., *In the Tracks of Breivik: Far Right Networks in Northern and Eastern Europe*, Berlin: LIT verlag, pp. 141–154.

Sipavičienė, Audra and Stankūnienė, Vlada（2013）"The Social and Economic Impact of Emigration on Lithuania," OECD ed., *Coping with Emigration in Baltic and East European Countries*, Paris: OECD Publishing, pp. 45-64.

The Baltic Course（2014）"Latvian President Support Entrusting Straujuma with Forming New Government," *The Baltic Course*, 16th October, 2014.

田中素香（2006）「東方拡大とEU経済」羽場久美子ほか編『ヨーロッパの東方拡大』岩波書店, 30-60頁。

中井遼（2015）『デモクラシーと民族問題——中東欧・バルト諸国の比較政治分析』勁草書房。

第 3 部

人の国際移動に関する
グローバル秩序と地域形成

第11章

人の移動，グローバリゼーション，国家

ジェームズ・F. ホリフィールド（佐藤俊輔訳）

1　イントロダクション

　今日，数千万もの人々が日々国境を越えている。国際的な移動性は，商品やサーヴィスの売買，投資や資本の移動，旅行の容易化，情報の爆発的増加といったグローバリゼーションの大きな趨勢の一部である。貿易や資本移動がグローバリゼーションの2つの柱だとされる一方で，とりわけ国際関係論の研究者の間では，人の移動がしばしば見落とされている（Hollifield 2008）。しかしながら，人の移動は我々が生きるグローバル時代の典型的な特徴である。それは多くの点で貿易や投資と結びついているが，それらとは大きく異なっている。かつて気の利いた者が「人はシャツではない」と述べたが，それは労働力が純粋な商品ではないことを言い表した言葉であった。商品や資本とは異なり，平和的な国境を越えた共同体を通してであれ，暴力的なテロリストや犯罪者のネットワークを通してであれ，個人は国際的な舞台で行為主体となることが出来る。2001年9月11日のテロ攻撃以降から日々思い出させられてきたように，移動する人々やその流動性は国家の安全保障にとって脅威となり得る。しかし，人の移動は同時にまた資産でもある。移民はホスト社会へ人的資源や新たなアイデア，文化をもたらす。そして最終的には，もしその国の国民ではないとしても，社会の成員となることを可能とする一連の基本的権利（人権）と共にやってくるのだ。反対に，彼らは出身国へ帰還するかもしれない。それはその国の経済的・政治的発展へ劇的な効果をもたらし得る（Hollifield *et al.*

147

第3部　人の国際移動に関するグローバル秩序と地域形成

2007）。そして忘れてはならないのは，全ての移動が自発的なものではない——どの年をとっても数百万もの人々が政治的暴力や飢餓，収奪から逃れるために移動し，難民，庇護申請者，或いは国内避難民となっている——という点である。1990年代の騒乱期よりは大きく下がり，その後も僅かに下降傾向にあるものの，2011年初頭，依然として国連は世界の難民人口を1050万人と推定している。国連難民高等弁務官事務所が支援対象とする人口は約3500万人に上り，国内避難民の増加のために僅かに上昇傾向にある。人の移動は非常に複雑で多面的であるため，諸国家や国際社会にはその調整のため多大な困難をもたらしているのである。

　地球上の各地で諸国政府が人の流入を制限し，その流れを逆転させるよう強いられているこの時，この国際的な人の移動とその流動性の高まりをどのように説明できるであろうか。国際的な人の移動は単にグローバリゼーションの避けがたい過程から生じる作用のひとつなのだと論じるのは魅力的かもしれない。北アメリカ，ヨーロッパ，オーストラリアといった主要な受入国において，労働力への需要は——熟練であれ，非熟練であれ——高く，アジア，ラテンアメリカ，アフリカにおいてこの需要を埋め合わせたいという労働者の供給には限りが無い。需要—プルと，供給—プッシュの作用は国際的な人の移動のうねりをかなりの程度説明しているように見える。だが，我々は個々人がリスク回避的であり，移動にはリスクが満ちていることも知っている。この取引費用だけでも人々に移動を思いとどまらせるには十分であろうし，実際その通りなのである。現在2億1400万人が出身国の外で生活しているが，それは世界人口の3％に過ぎない（図表1参照）。とはいえ，人の移動を抑制しようとの努力にもかかわらず移動する人々の数は増加しており，多くの受入国で危機や統制の喪失の意識が存在している。社会学者や人類学者は，個々人がどのように移動に伴うリスクを減らしているか，我々の理解を助けてくれる（Massay *et al.* 2002）。人は，その移行の過程を容易にしようと手助けしてくれる友人や親戚が目的国にいれば，より移動を行うようなのだ。社会的ネットワークが移出に伴う取引費用を下げ，リスクを低減し，電池の2つの電極のように需要と供給を結び付けている。

148

第11章　人の移動，グローバリゼーション，国家

図表1　国際的な人の移動とその傾向，1960-2010

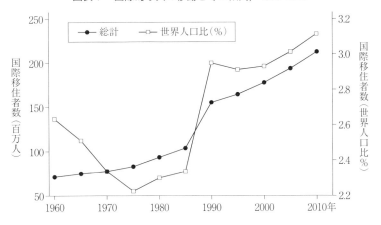

これで物語は終わりだろうか。そうだとすれば，国家が移民を管理する余地などないように思われる。ある者は (Sassen 1996)，政策というのは人の移動の過程でせいぜいが周辺的な役割を果たすのみで意味が無いかもしれないと述べ，主権や市民権といった制度は徐々に時代遅れのものとなっていると言う (Soysal 1994)。この論理に従うのであれば，我々はポストナショナルな時代へと入りつつあり，人の移動は国際的な国家システムを再定義しつつあるということになる。しかしながら，私は我々の分析から国家を取り除いてしまうのは誤りだと論じたい。人の移動を引き起こす必要条件は社会的・経済的なものかもしれないが，十分条件は政治的・法的なものである。人々が移動に際して権利を得るためには，諸国家が人の移動に対してその国境を開こうとしていなければならない。移民は政治的に重大な意味を持っており，諸国家は人の移動の帰結が形作られる上で非常に重要なのである。私はこの議論を3つの段階に従って展開したい：(1)我々は国際的な人の移動の原因と帰結へ目を向ける必要がある。ただし，その際には(2)諸国家がどのように人の移動を管理しようと試みてきたか，および(3)私が名付けるところの「移住国家 (Migration State)」の出現について理解しなければならないのである。

第3部　人の国際移動に関するグローバル秩序と地域形成

2　人の移動とグローバリゼーション

　国際関係論の理論においては，諸国家は何よりもまずその安全保障あるいは軍事的な機能によって定義される。ウェストファリア体制における国家とは，何よりもまず「防衛国家（Garrison State）」である。リアリストとネオ・リアリスト（Waltz 1979）は国家というものをパワーを最大化し，その領土と人々を守り，国益を追求することを最大の責務とする一体的で合理的なアクターだと見なす。しかしながらヨーロッパにおける産業革命の開始以来，国家は徐々に重要な経済的機能を引き受けるようになっている。物質的な富とパワーを確保するために，国家は敢えて経済を開放し，自由貿易政策を追求するようになった。これがローズクランス（1986）が呼ぶところの「貿易国家（Trading State）」の興隆へつながったのである。その結果，国家はそのパワーの源としての領土と軍隊への依存から一定程度解放された。国際関係の理論はリアリストの限られた見方を離れ，徐々に相互依存的となる世界においてパワーも拡散していることを認めるようになった（Keohane and Nye 1977）。このネオ・リベラルな見方においては，諸国家は国際的な貿易と金融によって結びつけられており，そのため諸国は基本戦略を変えて，新たな協調の道を探らねばならないとされる。以前，私は人の移動と貿易とは分かち難く結びついた同じコインの裏表だと論じた（Hollifield 2000）。従って「貿易国家」の興隆は必然的に「移住国家」の興隆でもあり，そこでは商業や金融によって導かれるのと同じくらい，人の移動（人々の移動，人的資本，労働力）によってもパワーや利益について考量がなされるのである。

　植民地化や経済発展の目的から，あるいはグローバル化する経済において競争力を獲得するため，諸国家は数世紀にわたって大量の人の移動の組織化に取り組んできた。近年のカナダやオーストラリアといった国々による熟練労働者募集の試みは，グローバリゼーションと人の移動の長い歴史のなかの最後の一章である。18世紀や19世紀——比較的人の移動が自由だった時代である——へ目を向ければ，アメリカやロシアのように広大な辺境を有する多くの国家は喜

第11章　人の移動，グローバリゼーション，国家

んで移民を受け入れており，他方で増大する地方からの脱出と急増する都市と
を有して人口過剰となった社会は喜んで大量の非熟練の，しかもしばしば読み
書きのできない農夫や労働者を送り出していた。

　しかしながら，ヨーロッパの伝統的な移民送出国の幾つかは20世紀初頭まで
に産業革命に入り，出生率の低下と人口の安定化とを伴う人口統計学上の移行
期に入った。大西洋を横断する人々の大移動は終わりへと近づき（Nugent
1992），ナショナリズムが高まると，国家がその市民を識別可能なこと，そし
て新たな人口統計上のレジームを構築可能なことは，軍事的な安全保障の観点
から徐々に重要なこととなっていった（Koslowski 2000）。課税や徴兵のために
各国人口を管理する必要性はパスポートや査証体制，そしてそれに付随する移
民・国籍政策の発展へとつながった（Torpey 1998）。各個人がひとつは，そし
てただひとつだけ国籍を持つこととされた。そして法制度としての国籍は，諸
国民国家からなる敵対的で無政府状態の世界のなか，個々人に一定の保護を提
供するものとされた。ドイツのように移民送出国の国々は血統主義（血統，縁
戚，エスニシティ）に基づく国籍法を採用する傾向があった一方，アメリカやフ
ランスのような移民受入国では出生地主義（領土または出生地）に基づくより拡
張的で政治的な市民権が発達した。

　ヨーロッパにおける戦争は民族統一主義と，国境の引き直しとに火を点け，
これがまた新たな人の移動を促すこととなった。20世紀には数百万の避難民や
難民が「暴力を逃れて」国境を渡ったことだろう（Zolberg, Suhrke, and Aguayo
1989）。第一次世界大戦は人の移動と国際関係の歴史のなかで決定的な転換点
を記した。諸国家は，市場（供給―プッシュと需要―プル）が国際的な移動の原
動力となっていた18世紀，19世紀の比較的開かれた移動レジームへとは戻らな
いだろう。その代わり20世紀の世界は徐々に閉じた世界となり，旅行には手の
込んだ文書が必要とされるようになるであろう。第一次世界大戦は帝国主義の
終わりの始まりをも記していた。アジアとアフリカで独立と脱植民地化のため
の闘争が起こり，この闘争はついにはさらに数百万の人々に移動を強いる結果
に終わったのである。

　戦間期，国民国家からなるウェストファリア的体制はより堅固なものとなっ

151

た。ヨーロッパ—大西洋地域の中核国では更なる制度化が進展するとともに，アジア，アフリカ，中東では新国家の建設（または旧国家の再興）とともに世界へ広がりつづけたのである。旧国家も新国家もその主権を用心深く守り，各地域の人々も段々と市民権やナショナル・アイデンティティへの意識を強めていった。このような展開から，国際的な人の移動はより政治的な性格を帯びるようになり，ディアスポラや亡命の政治が前面に出てきた。それ以後，境界を越えるという行為は経済的な行為であると同様，政治的な行為ともなる可能性を帯びるようになり，諸国家は再度徹底してその権威を主張するようになった。無政府主義や共産主義などの反国家的な革命運動の高まりは，国家安全保障とアイデンティティの名の下に移民への過酷な取り締まりと，市民的諸権利や諸自由の巻き戻しを引き起こした（Smith 1997；King 2000）。

　ヨーロッパにおける1930年代，40年代の諸事件は国際的な人の移動を統御する法規範を根本的に変化させた。ホロコーストと第二次世界大戦は国際連合の創設と新たな難民法および人権法の創出へ帰結した。国家はその領域への管理を取り戻し，内政問題への不干渉原則を引き続き保持したものの，戦後国際秩序は個人や諸集団に新たな法的空間を創り出した。1951年の難民の地位に関するジュネーブ条約は「迫害を受ける十分な恐れ」と共に一旦安全な国の領域へ入国を許可された個人を恣意的に追放したり，その国籍国へ送り返したりすることはできないとする庇護原則を確立した。国際法の下で人は法的聴聞を受ける権利を付与されたが，同時に重要なことはどの国家も庇護申請を認めることを強制されはしないということである。しかしながら，もし当該国家が条約の調印国であり，もし彼もしくは彼女が迫害や暴力に脅かされているならば，その個人を出身国へ送り返すことは法的にできない。それがノン・ルフールマンの原則である。

　1948年12月に国連総会で採択された国連憲章ならびに普遍的人権宣言は人々の「国境を越える」権利の原則を補強した（Jacobson 1996）。1948年，同様に国際社会はホロコーストとその他の人道に対する犯罪への直接的な応答として，集団殺害罪の防止および処罰に関する条約を採択し，調印した。これらの国際法，国際政治の展開と並び，ヨーロッパと北アメリカの最も強力な自由主

義国家の政治と法のなかで徐々に「権利に基づく自由主義」の増大が見られた。この国際法および国内法における自由主義の発展は相互に刺激を与え合い，国際，国内双方のレベルで移住者への新たな権利（法的空間）を創り出したのである（Hollifield *et al.* 2008）。

これらの法的進展がなぜそれ程重要なのだろうか。WTO や IMF のような国際機関を通じて促進したり規制したりできる貿易や金融の流れとは違い，境界を越える人の移動には質的に異なった一連の規制レジーム——しっかりと権利概念に基づいたもの——が必要となる。諸個人が商品やサーヴィス，資本とは異なって自らの意思を持ち，法的主体や住まう社会の構成員ともなれることは指摘せずともほとんど自明の理である（Hollifield 1992；Weiner 1995）。彼らはその政体の市民となることもできる（Koslowski 2000）。問題は諸国家がどの程度まで秩序だった（合法の）人の移動のために国際レジームを設立しようとし，そしてどの程度までそのようなレジームは国際法と対立するものとしての国内法に依拠するだろうかという点である（Hollifield 2000）。

3　新たなグローバリゼーションの時代における人の移動の管理

先進工業・民主主義国では第二次世界大戦以後のほとんどの時期において移民の数は上昇傾向にあり，世界の移民人口の40％以上がヨーロッパとアメリカに居住している程である。そして，それらの諸国ではおよそ人口の10％ほどが外国で生まれた者となっている（Castles and Miller 1998）。戦後期，ヨーロッパと北アメリカの中核工業国への人の移動は幾つかの異なる時期を通過し，それがこれらの人口移動を19世紀に大西洋を横断した移民や今日の第三世界における経済移民とは全く違うものにしている。第二次世界大戦後に起こった第一の移動の波は，特に多数の人口が国境線の引き直しや民族統一主義，民族浄化の結果として移動を強いられたヨーロッパにおいては，強く政治性を帯びたものであった。中欧に残っていたユダヤ人の多くはアメリカ合衆国かイスラエルへと逃れた一方，東中欧にいた大量のエスニック・ドイツ人は新たに建設されたドイツ連邦共和国へと殺到した。ドイツ分割，冷戦，ヨーロッパの分断が，エ

153

スニック・ドイツ人が民主主義の西側諸国へ庇護を求め，脱出することへ貢献した。1961年のベルリンの壁建設までに1200万人のドイツ系難民が西ドイツへ到着したのである。

一旦この最初の難民の波が尽きると，ヨーロッパは超大国間で大陸が分断された，心許無い平和のうちに落ち着くこととなった。従ってドイツとその他西欧の工業国は，従来までの東中欧からの余剰労働者の供給から切り離され，新たな形態の人の移動が現れ始めた。1950年代，西ヨーロッパの戦争で荒廃した経済を再建しようという多大な努力により，特にドイツとフランスでは急速に国内労働力供給が枯渇した。第二次大戦中，メキシコから農業労働者を募るためにゲスト・ワーカー（*bracero*）プログラム（1942-1964）を創設したアメリカ合衆国のように（Calavita 1992），北西欧の工業国は労働力の豊富な南欧諸国やトルコと二国間協定を結び，50，60年代には数百万のゲスト・ワーカーを募集したのである（Hollifield 1992）。

このゲスト・ワーカー期はアメリカでは1950年代の*bracero*プログラム終了と共に終わったが，ヨーロッパでは1966年に経済が初めて減速の兆候をみせるまで続いた。しかしながら西ヨーロッパにおける移民政策の大転換は，急速に世界へ広がった第一次石油危機と景気後退につづき1973-74年に訪れた。突然ヨーロッパの諸政府が全外国人労働者の募集を中止し，「ゲスト」へ帰国を奨励する施策を講じ始めた。定住や家族結合を思いとどまらせ，可能ならば防ぐための政策が設定された。広く浸透していたのは，ゲスト・ワーカーの移民とはまず本質的に経済的なものでって，それら労働者は一種の景気の調節弁（*Konjunkturpuffer*）なのだという感情であった。彼らは高成長と低失業率の時代に労働市場へ連れて来られ，景気後退期には自国へ送り返されるべきだとされた。この景気後退と失業率上昇の状況にあって，論理的にはゲスト・ワーカーも他の全ての商品と同じように供給と需要の原理に従うだろうと思われていたのである。

この西ヨーロッパの，ゲスト・ワーカーを利用して労働市場を切り盛りしようとすることの困難は，私が「自由主義の逆説（リベラル・パラドックス）」と呼ぶものの完全な例証である（Hollifield 1992）。諸国家は経済成長のために労働

力を必要とし，従って開放性が必要となるが，しかし諸国家は社会契約を守り，主権と市民権の諸制度を守るために一定の閉鎖を維持する必要がある。1950年代，60年代に，高い水準でインフレに陥らない成長を維持するために労働力を輸入することは，国家や雇用者にとっては論理的な行動であった。これは資本，商品，サービスと労働力の国際化の進展の趨勢とも合致していたし，国際的な経済機構，特にOECDによって奨励されてもいたのである。しかし，スイスの小説家マックス・フリッシュが当時指摘したように，ヨーロッパの諸政府は「労働者を頼んだにもかかわらず，来たのは人間だった」のである。商品や資本とは異なって，移民は（人間として）権利を有し得るし，また有している。移民に対して正当な法手続きと平等な保護を与える，自由主義国家の法と憲法の盾の下では特にそうなのである。

　多数の外国人人口が定住したことは西ヨーロッパの政治を変容させ，移民の停止を求める新たな社会運動や政治政党を生じさせた（Givens 2005）。概して世論は移民に対して敵対的であり，政府はエスニックな多様性をどう扱うべきか途方に暮れた（Lahav 2004；Messina 2007）。特にムスリムの移民が市民社会や世俗（共和主義）国家を脅かしているとの認識のなかで，統合の問題が公的言説を支配するようになった。懸念された（されている）のは，物を持たず，幻滅した第二世代の若者たちが従来どおりの，世俗的で，共和主義的な同化への道を辿るより，過激なイスラムの教えの方を向いてしまうのではということだった（Klausen 2005）。古い単線的な同化の概念が多文化主義へと，そして第二世代の大多数，特に技能を持たず教育程度の低い者が社会的に大幅な下方移動を経験し，不均等あるいは破片化した包摂へと道を譲ったアメリカ合衆国に，ヨーロッパ社会は段々と似てきたのである（Hollifield 1997；Portes and Rumbaut 1996；Alba and Nee 2003；Messina 2007）。

　20世紀の最後の20年間に外国人嫌悪の圧力が高まっていったにもかかわらず，ヨーロッパの民主主義諸国は国際的難民・人権レジームへ比較的強い関与をし続けていたのであるが，1980年代，90年代には法的に成熟した移民政策が不在であり，大量の庇護申請者が難民レジームを掘り崩しヨーロッパの福祉国家を不安定化させるのではとの恐怖が高まる中，庇護申請は西ヨーロッパへ入

第3部　人の国際移動に関するグローバル秩序と地域形成

る主要な手段となった（Freeman 1986；Ireland 2004）。この危機の空気の中，1990年代の移民管理政策は，対外的な（境界）管理——アメリカ・メキシコ国境線上での門番作戦（Operation Gatekeeper）や国境保持作戦（Operation "Hold the Line"），そして安全な第三国を通過した庇護申請者を追い返すことが諸国に許される西ヨーロッパのシェンゲン・システム——から，対内的な労働市場の規制（雇用者への処罰などを通じて），そして大量の既に定住する外国人住民の統合に至るまで，強化の方向へと転じていったのである（Brochmann and Hammar 1999；Cornelius *et al.* 2004）。

　一方で，冷戦の終焉やソビエト連邦と中・東欧の共産主義・衛星諸国の崩壊によってヨーロッパの戦略的環境は混乱していた。1980年代，ミハイル・ゴルバチョフ政権下グラスノスチの時期に始まったこの国際システムにおける変化は，東側から移民したいと願う人々が東を離れ，西側へ庇護を求めることをより容易とした。その結果は，東欧のみならず世界中から西ヨーロッパへの庇護申請者の急増であった。難民と庇護申請者が第二次世界大戦以来にない水準へ上ったことで，国際的な人の移動は1980年代，90年代に新しい段階へ入った。エスニック・ナショナリズムの復活やバルカンでの紛争，そして世界のほとんど全ての地域からの難民の急激な増加によってヨーロッパの状況はさらに込み入ったものとなった。1990年代半ばまでに世界では1600万人の難民が生じ，その3分の2はアフリカと中東において生じたものであった。共産主義下の迫害から逃れた者を受け入れるため冷戦期に創設された国連の難民管理のシステムは突如として多大な圧力のもとにさらされた（Teitelbaum 1980；Gibney 2004）。国連難民高等弁務官事務所（UNHCR）はほとんど一夜にして最重要の国際機関のひとつとなった。西欧の民主主義諸国が庇護申請者の波を抑えようと試みていた際に，UNHCRはこの新たな人の移動の危機を制御しようと突き進んでいた。西欧とアメリカ合衆国で庇護を希望した者の大半は主張を却下され，西洋諸国の政府（および社会）はほとんどの庇護申請者は実際のところ経済難民なのだと結論付けることとなった。それと同様に，多くの人権弁護士は本物の難民が偽の難民申請の波によって覆い隠されはしないかと懸念していたのである。

　庇護申請が高い比率で拒否されたことから人がどのような結論を導くとして

156

第11章 人の移動，グローバリゼーション，国家

も，20世紀最後の20年に押し寄せた難民は，自由主義国家にとって一組の新た
なジレンマを創り出した（Gibney 2004）。庇護申請を認められなかった者の多
くは，それが合法的な——不服申し立てを行う——ものであれ，非合法的な
——単純に隠れてしまう——ものであれ，ホスト国へ居残り続けた。欧州諸国
の大半が全ての形式の合法移民を減速させるなり，あるいは停止させるなりし
ようと試みると時を同じくして，非合法移民の数は——彼らのほとんどは合法
的に入国し，ビザの期間を超過して滞在した者であった——着実に増えていっ
た。西ヨーロッパへの合法的な移民の道を閉ざすことが非合法移民のうねりを
もたらしたのである。しかし，西洋社会に移民の流れが制御不能となりつつあ
るとの認識が高まり，特に西ヨーロッパで右翼の排外的な政治政党や運動が高
まるとともに，諸政府は新しい合法移民プログラムの創設や既存の割り当て数
の引き上げを極端に渋るようになっている。

　その代わりに，西ヨーロッパとアメリカにおける政策変化の目的はより移民
を抑制する方向を目指したものとなっている。僅かながら例を挙げると，ドイ
ツでは1993年に基本法16条に刻まれた広範な難民の権利を取り除くために同法
を改正した。フランスでは1995年から96年にかけ，外国人住民の権利を引き下
げ，帰化を困難にする一連の法律（パスクワ法およびドゥブレ法）が制定された
（Hollifield 1997；Brochmann and Hammar 1999）。1996年にはアメリカでも共和党
が非合法移民改革・移民責任法を制定し，（非合法のみならず合法移民を含む）全
移民の福祉・社会権を削減するとともに，不法移民と庇護申請者の適正な法手
続きの保障を受ける権利を厳しく制限した。

　移民の権利制限へ動くと同時に，アメリカ議会は合法移民，特に一定の種類
の高度な技能移民を増大させるための手続きを踏んでいた。アメリカ企業に対
し，国内労働者内で不足している技能を持つ外国人募集の権利を与える H-1B
プログラムは1990年代に拡張された。フランスでは1997年に，ドイツでは1999
年に，国籍・市民権政策を自由化する法案が可決されている（Hollifield 1997）。
ヨーロッパ諸国の政府の多くは移民の現実を受け入れた。そのうえ，人口の停
滞あるいは減少と高度な技能を有する労働者の不足と共に，欧州の諸政府は新
しい募集プログラムを制定した。それはアメリカやカナダの移民政策をいくつ

157

かの側面で見習い，急速にグローバル化の進む世界で経済的な競争力を高めることを追求していた。

どのようにすれば，これらの一見矛盾するような趨勢を理解できるだろうか。国家はリベラル・パラドックスから逃れる術を発見したのだろうか。それとも国家は依然として彼らを（物質的豊かさと経済的安全保障のために）より大きな開放へと駆り立てる経済的諸力と，（デモスを保護し，共同体の一体性を維持し，社会契約を守るために）より高度の閉鎖を求める政治的諸力との間に囚われているのだろうか。開放と閉鎖の間に適切な「均衡」を見つけ出すということ——これは国家にとって挫けたくなるような課題だが，しかし国家は同時にテロリズムという非常に現実的な脅威にも直面している。アメリカに対する2001年9月11日の攻撃は，国家の第一の責務とは領土と住民の安全を確保することなのだということを思い出させる役割を果たした。

4 出現しつつある「移住国家」

戦争や経済不況など何らかの国際的な激変が起きない限り，人の移動は今後数十年間で増加していくように思われる。9.11のアメリカに対するテロ攻撃や続く「テロとの戦争」でさえ，国境の徹底的閉鎖には至らなかった。グローバルな経済的不平等は供給—プッシュの力が依然として強いことを意味し，同時に需要—プルの力も強まっている。先進工業・民主主義諸国における高度技能労働者への需要の高まりと人口の減少傾向とが移住者にとっての経済的な機会を作り出している。トランスナショナルなネットワークはより濃密で効率的なものとなり，送出国と受入国をつないでいる。これらのネットワークは移動の費用とリスクとを低減させ，人々が国境を越え，長距離を移動することをより容易にしている。そのうえ合法的な移住が選択肢にない場合には，移住者はますますプロの密航業者へ頼るようになり，移住者の密入国を行うグローバルな産業が——しばしば組織犯罪ともかかわりを持ちながら——興っている。移住者の密入国に伴う悲劇的な人命損失のニュースを聞かない週はほとんどない（Kyle and Koslowski 2000）。

第11章　人の移動，グローバリゼーション，国家

　国際的な人の移動を規制するに際して，自由主義諸国には個人の（人権または市民的）権利に気を払うことが要求される。もし権利が無視されたり，踏みにじられるようなことがあれば，自由主義国家は自らの正続性と存在理由を掘り崩す危険を冒すこととなる。国際的な人の移動とトランスナショナリズムが増加するにつれ，互いに協調し，その流れを管理するため，新しく創造的な方策を見つけ出すようにとの自由主義諸国への圧力は高まっている。権利は国内・外交政策の中心的特質となっているため，国益と国家理性の定義にはこの現実が斟酌されねばならない。もし諸国があえてさらに開放性を高めようとするならば，新しい国際移民レジームが必要となるであろうし，そのときには権利に基づく（国際）政治が時の秩序となるであろう。

　ある政治家や政策策定者は，国際機関と同様，国際移民の管理という課題に対して市場に基づいた／経済的な解決を望んでいる。貿易と外国直接投資——私的投資や公的発展援助を通じて資本と職を人々へもたらす——が，供給—プッシュと需要—プル双方の諸要素を緩和して人の移動を代替するだろうと期待されている。ヨーロッパ連合の事例に見られるように，長期的には貿易が物価という要素の平準化を導くとしても（Straubhaar 1988），短期・中期的には発展途上国を市場の諸力へさらすことが人の移動の（減少というよりも）増加をもたらす。このことはNAFTAやアメリカ—メキシコ関係に明らかである（Martin 1993；Massey *et al.* 2002；Hollifield and Osang 2005）。同様に，サーヴィスの取引もより「ハイエンド」の人々の移動を刺激しうる。なぜなら，この種の生産物はしばしばそれを生み出し，市場へ売り出す人々の移動抜きには作ったり，売ったりできないためである（Bhagwati 1998；Ghosh 1997）。

　つまり商品，サーヴィス，そして資本のグローバルな市場への統合は，必然的により高い水準の人の移動を伴い，従ってもし国家がより自由な貿易と投資を推進したいならば，国家はより高い水準の人の移動を管理できるよう備えておかなければならない。多くの（カナダ，オーストラリア，そしてドイツのような）国家が，たとえ是が非でもという程ではないとしても，いとわずにハイエンドの人材の移動を促進している。それは移民の数が制御でき，かつ高度技能人材の移入に対しては政治的抵抗がより小さいだろうと思われるためだ。しかしな

159

がら，非熟練で，教育程度が低い労働者の大量移住は，建設業や介護のように
その職種の労働力へ高い需要があるような状況，部門であっても，より大きな
政治的抵抗に見舞われそうである。これらの事例では，政府は労働市場の空白
を埋めるのにちょうど十分なだけの期限付き労働者を連れてくることを期待
し，外国人労働者と雇用者の間で居住期間を制限し，定住と家族結合を禁止し
た厳格な雇用契約を結ばせた上でではあるが，古いゲスト・ワーカーのモデル
へ戻りつつある。もうひとつの選択肢は非合法移民と闇の労働市場の拡大であ
る。選り好みの余地はない。

　19世紀と20世紀には，ローズクランス（Rosecrance 1986）が貿易国家と名付
けたものが興隆した。20世紀後半には移住国家が生まれている。実際，戦略的，
経済的，人口学的な見地から見れば貿易と人の移動とは相伴うものであり，そ
れはなぜなら国家の富，パワー及び安定性は，国家が貿易と移民のために危険
を冒す意思へと一層依存するようになっているためである。高度技能の外国人
労働者をひきつけるための新たな「ブルーカード」プログラム創設において，
ヨーロッパ連合はグローバルな競争力，パワー，経済的安全保障が移民の受入
れと密接に関連しているとの前提に立ち，明らかにアメリカとカナダを模倣し
ようとした。

　これまで以上に，国際的な安全と安定性は国家が人の移動を管理する能力に
かかっている。もし不可能ではないとしても，単独であれ，二国間でであれ国
家が人の移動を管理することは極めて困難である。EU が加盟国の国民のため
に構築しているのと類似の，ある種の多国間／地域的なレジームが必要とな
る。ローマ条約からマーストリヒト，そしてアムステルダムを越えて発展した
ように，EU モデルは未来の人の移動レジームへの道を指し示している。とい
うのは，それが純粋にホモ・エコノミクス（経済的人間）の人間像のみに根ざ
したものではなく，個々の移住者の権利，それおよび進化の途上にある原初的
な市民権さえ編み込んだものだからである。この種の地域的な人の移動レジー
ムの問題は，当然のことながら，どのように第三国の国民を処遇するかである。

　つまるところ EU は，人の移動や難民の問題に対処する地域的な人の移動レ
ジームと一種の超国家的機関の創設を通じ，加盟国がリベラル・パラドックス

第11章　人の移動，グローバリゼーション，国家

から逃れるというほどではないとしても，それを巧みに切り抜けることを可能としている（Geddes 2003）。境界管理の幻想を維持するためにお決まりの良い警官・悪い警官を演じ，シンボリックな政治・政策を用いることは，少なくとも短期的には政府が閉鎖への圧力を受け流すうえで役に立つ（Rudolph 2006）。しかしながら，結局のところ国家が貿易と人の移動のために危険を冒し続けるかどうかを決めるのは，自由主義国家の性質そのものであり，またどの程度開放性が制度化され，（憲法上）「その時々の多数派」から保護されているかによるのである（Hollifield 2008；Hollifield *et al.* 2007）。

　地域統合は貿易国家を強化し，移住国家の助産師としての役割を果たす。そして領土の境界線をぼやけさせ，統合とナショナル・アイデンティティの問題を軽減する。人々と場所がますます分離していっているという事実——それは以前であればナショナル・アイデンティティの危機を引き起こし，国民国家の正統性を掘り崩していたかもしれない——は，EU のような地域的レジームと結び付けられたとき，それ程の問題ではなくなる。もちろん，このことはより自由な貿易と人の移動とに抵抗がないだろうということを意味しているわけではない。グローバル化に対する異議申し立てや，移民に対する排外主義的な，あるいは外国人嫌悪の反発による反発が OECD 諸国の至るところで起きている。それにもかかわらず，地域統合は——特にヨーロッパのように長い歴史を持ち，深く制度化が進展しているような場合には——国家が敢えて貿易や人の移動のためリスクを冒し，そして政府がより高い開放性を維持し，制度化するのに必要となるであろう政治的連合の類を構築することを容易とする。

　メキシコの指導者達，例えばサリナスやフォックスといった歴代大統領達は，地域統合によって起こる問題，特にアメリカに向かうメキシコ人の非合法移民という非常に微妙な政治問題をいかに解決するかのモデルをヨーロッパに期待していた。彼らはより自由な人の移動とより開かれた（正常化された）国境とが北アメリカ自由貿易協定（NAFTA）の論理的延長だと論じた。しかし，アメリカはあまりに急速な経済・政治統合に対しては乗り気ではなく，特に2001年の9.11事件の後には，その代わりに新しいゲスト・ワーカー・プログラムを創設するか，現行のシステムを継続し，メキシコからの大量の無許可での

第3部　人の国際移動に関するグローバル秩序と地域形成

移住を黙認するかを好むようになった（Massey *et al.* 2002）。しかしながら，北アメリカは EU 型の地域的な人の移動レジームへ前進するうえで，明らかに最も近い位置にいる地域であり，アメリカは1986年の移民改革・管理法の一部として実行されたものに匹敵するほどのアムネスティを行うという見通しが出されている。長期的にはアメリカのような自由主義国家には，非合法住民を大規模なまま維持することは困難なのである。このため，アムネスティや合法化，または正規化が移民国家の共通の特質となっている。

　アジアには大量の経済移住者が存在するとはいえ，この地域は比較的閉鎖的で，しかもしばしば権威主義的な社会へと分断されており，移住者やゲスト・ワーカーに権利を与える見込みもほとんどない。日本や台湾，韓国のように，より自由主義的で民主的な国家というのは例外的であるが，それらの国もちょうど移民問題へ取り組み始めたところであり，その規模も比較的小さい（Cornelius *et al.* 2004）。多くの移住者や難民を擁するアフリカや中東の多くは非常に不安定であり，国家は流動的で国際的な人の移動に対処するだけの制度的・法的な能力をほとんど有していない。

　結論として，人の移動というのはグローバル化の原因でもあるが，帰結でもあることが見て取れる。国際的な人の移動は，貿易と同様，戦後自由主義秩序の基本的な特徴である。しかし，国家と社会が開かれるほど，人の移動は増加する。この人の移動の増加は好循環を生むのか，それとも悪循環を生むのだろうか。それは国際システムを不安定化させ，更なる無政府状態や，混乱，戦争へと導くのか，それともより高い開放性と豊かさ，そして人間の発展へと導くのだろうか。大部分は有力な自由主義諸国がどのように人の移動を管理するかにかかっている。というのも，残る世界の潮流を定めるのは彼らであるからだ。移民に対する国内の政治的反発を避けるため，移住者の権利は尊重されるべきであるし，国家は国際的な人の移動レジームを築くために協調するべきである。たどたどしくはあってもヨーロッパではそのようなレジームへの道筋が辿られており，北アメリカもこれに続いているように見えると私は論じてきた。自由主義諸国がこの途方もなく複雑な現象を制御するために一体となるならば，真に国際的な人の移動レジームを構築することが出来るかもしれない。し

かし，私は短期間でその機会が訪れるという楽観視もしていない。なぜなら，特に先進国と途上国間の利益の非対称性が余りに大きく，国家が調整と協調の問題を乗り越えることができないためだ。国家がさらに貿易と人の移動とへ依存するようになっているとはいえ，今後数十年の間，諸国家は経済的開放と政治的閉鎖とを要求するリベラル・パラドックスへ囚われたままとなりそうである。

参考文献

Alba, Richard and Nee, Victor (2003) *Remaking the American mainstream: assimilation and contemporary immigration*, Cambridge, Mass.: Harvard University Press.

Bhagwati, Jagdish (1998) *A Stream of Windows: Unsettling Reflections on Trade, Immigration, and Democracy*, Cambridge, Mass.: MIT Press.

Brochmann, Grete and Hammar, Tomas eds. (1999) *Mechanisms of Immigration Control: A Comparative Analysis of European Regulation Policies*, Oxford: Berg.

Calavita, Kitty (1992) *Inside the State: The Bracero Program, Immigration and the INS*, New York: Routledge.

Castles, Stephen and Miller, Mark (1998) *The Age of Migration: International Population Movements in the Modern World*, New York: Guilford.

Freeman, Gary (1986) "Migration and the Political Economy of the Welfare State," *The Annals*, 485/May, pp. 51-63.

Ghosh, Bimal (1997) *Gains from Global Linkages: Trade in Services and Movement of Persons*, London: Macmillan.

Gibney, Matthew J. (2004) *The Ethics and Politics of Asylum: Liberal Democracy and the Response to Refugees*, Cambridge: Cambridge University Press.

Givens, Terri E. (2005) *Voting Radical Right in Western Europe*, Cambridge: Cambridge University Press.

Hollifield, James F. (2008) "The Politics of International Migration: How Can 'Bring the State Back In?'," Brettell, C. B. and Hollifield, J. F. eds., *Migration Theory: Talking Across Disciplines*, New York: Routledge, pp. 183-238.

Hollifield, James F. (2004) "The Emerging Migration State," *International Migration Review*, 38, pp. 885-912.

Hollifield, James F. (2000) "Migration and the 'New' International Order: The Missing Regime," Ghosh, B. ed., *Managing Migration: Time for a New International Regime*, Oxford: Oxford University Press.

Hollifield, James F. (1997) "Immigration and Integration in Western Europe: A Comparative Analysis," Uçarer, E. and D. Puchala eds., *Immigration Into Western Societies:*

第3部　人の国際移動に関するグローバル秩序と地域形成

Problems and Policies, London: Pinter.

Hollifield, James F.（1992）*Immigrants, Markets and States: The Political Economy of Postwar Europe,* Cambridge, Mass.: Harvard University Press.

Hollifield, James F. and Osang, Thomas（2005）"Trade and Migration in North America: The Role of NAFTA," *Law and Business Review of the Americas,* 11/3-4, pp. 327-360.

Hollifield, James F. *et al.* eds.（2007）*Trade, Migration and Development,* Dallas: Federal Reserve Bank of Dallas.

Hollifield, James F. *et al.*（2008）"The Liberal Paradox: Immigrants, Markets and Rights in the United States," *SMU Law Review,* 16/1, pp. 67-98.

Ireland, Patrick（2004）*Becoming Europe: Immigration, Integration and the Welfare State,* Pittsburgh, PA: University of Pittsburgh Press.

Jacobson, David（1996）*Rights across Borders: Immigration and the Decline of Citizenship,* Baltimore, Md.: Johns Hopkins University Press.

Keohane, Robert O. and Nye, Joseph S.（1977）*Power and Interdependence: World Politics in Transition,* Boston: Little, Brown.

Klausen, Jytte（2005）*The Islamic Challenge: Politics and Religion in Western Europe,* New York: Oxford University Press.

Koslowski, Rey（2000）*Migrants and Citizens: Demographic Change in the European System,* Ithaca, New York: Cornell University Press.

Kyle, David and Koslowski, Rey（2001）*Global Human Smuggling: Comparative Perspectives,* Baltimore, Md.: Johns Hopkins University Press.

Lahav, Gallya（2004）*Immigration and Politics in the New Europe,* Cambridge: Cambridge University Press.

Martin, Philip L.（1993）*Trade and Migration: NAFTA and Agriculture,* Washington, D. C.: Institute for International Economics.

Massey, Douglas, *et al.*（2002）*Beyond Smoke and Mirrors: Mexican Immigration in an Era of Economic Integration,* New York: Russell Sage Foundation.

Messina, Anthony（2007）*The Logics and Politics of Post-WWII Migration to Western Europe,* New York: Cambridge University Press.

Nugent, Walter T. K.（1992）*Crossings: The Great Transatlantic Migrations, 1870-1914,* Bloomington, Indiana: Indiana University Press.

Portes, Alejandro and Rumbaut, Ruben（1996）*Immigrant America: A Portrait,* Berkeley and Los Angeles: University of California Press.

Rosecrance, Richard（1986）*The Rise of the Trading State,* New York: Basic Books.

Sassen, Saskia（1996）*Losing Control? Sovereignty in an Age of Globalization,* New York: Columbia University Press.

Soysal, Yasemin N.（1994）*Limits of Citizenship: Migrants and Postnational Membership in Europe*, Chicago: University of Chicago Press.

Straubhaar, Thomas (1988) *On the Economics of International Labor Migration*, Bern: Haupt.

Teitelbaum, Michael S. (1980) "Right Versus Right: Immigration and Refugee Policy in the United States," *Foreign Affairs*, 59/1, pp. 2–59.

Waltz, Kenneth N. (1979) *Theory of International Politics*, Reading, Mass.: Addison-Wesley.

Zolberg, Aristide R. *et al.* (1989) *Escape from Violence: Conflict and the Refugee Crisis in the Developing World*, New York: Oxford University Press.

第12章

人の移動に関わる EU 法の普遍化可能性

中村　民雄

1　はじめに

　EU 法は人の国際移動を規制する EU 諸国の法にどのような影響を与えてき
たのだろうか。その EU 法の経験は，人の国際移動に関わる法に普遍的な示唆
を与えるだろうか。本章ではこれらを素描的に考察する。

2　人の国際移動への法の関わり―― EU と EU 各国

　EU 各国において人の国際移動に関わる法は，①EU 各国の法（国家の法），
②EU 各国が服する国際法，③EU 自体の法（EU 法）の三つである。まずは歴
史的な発展に即して，三者複合法になった現在までの経緯を略述しよう。

1　EU 各国の法

　ヨーロッパの諸国は，18世紀末以降の市民革命により近代国民国家となり，
国籍概念を導入して国民と外国人を法的に区別し始めた。[1]19世紀末から20世紀
初めにかけて，移民を規制する国が増え，外国人には入国の権利を認めず，入
国を許す外国人を一定の類型または条件の者に限る移民規制法（immigration
law）を定めるようになった。これが現代まで続いている。[2]移民に規制をかけ
つつ，合法的に入国した外国人に対しては，各国の憲法の下で，人権（移動・
居住の自由を含む）その他の法的権利を国民と平等に保障するのを原則としなが

166

第12章 人の移動に関わる EU 法の普遍化可能性

ら，例外的に一定の合理的な理由にもとづく区別（国政参政権や公務就任権の制限など）を設けているのが大多数の国である。

2 国際法

ヨーロッパ諸国は，とくに20世紀後半からは，新たに締結される多国間の国際条約も取り込んで，自国法を整備するようになった。

20世紀の二度の世界大戦の反省から，平和維持機関として第一次大戦後は国際連盟が，第二次大戦後は国際連合（国連）が設立された。とくに国連において世界人権宣言が採択され（1948年），人が生まれながらにしてもつ一定の基本的自由・人権は，どの国家からも国籍の差別なく平等に保障されるべきだという国際人権思想が打ち出された。その思想を法的に実現するために，各種の国際人権条約が多国間で締結され，また欧州や米州のようにマクロ地域単位で国家を超えて人権を保障する制度が設けられたりした（欧州人権裁判所（1951年），米州人権機構の人権委員会（1960年）・人権裁判所（1979年））。

世界人権宣言は，法的拘束力をもたなかったが，人の国際移動に関しては，全ての者について，各国国内で自由に移動と居住する権利（13条1項），いずれの国（自国を含む）からも離れる権利，自国に戻る権利（13条2項），迫害からの庇護を他国に求め享受する権利（14条），国籍を取得または変更する権利，国籍を恣意的に奪われない権利（15条）などを理念として掲げていた。

この内容に法的拘束力をもたせた国際条約が，1966年に採択された国際人権規約（社会権規約および自由権規約）である（1976年発効）。人の移動に関係する規定は自由権規約にあり，国内の移動居住の自由・国（自国含む）から離れる権利・自国に戻る権利（12条），合法在留中の外国人の追放は法律に基づいた決定によってのみ許されること（13条），これら同規約上の権利を国籍や人種や性別などいかなる差別もなく保障すること（2条）が定められている。

その後，女子差別撤廃条約（1979年採択・81年発効），子供の権利条約（1989年採択・90年発効），障害者権利条約（2006年採択・08年発効）なども締結され，これら条約に定める諸権利が当事国にあるすべての者について国籍に関わらず平等に保障されるべきものとされた。ただし，人種差別撤廃条約（1965年採択・

167

第3部　人の国際移動に関するグローバル秩序と地域形成

69年発効）はこれらと異なり，当事国が国民と外国人の間につける区別・排除・制限・優先には適用されないが（1条2項），当事国の国籍法は特定民族を差別するものであってはならないと定めている（1条3項）。

　人の国際移動に関わる国際条約の進展の第二は，「難民（refugee）」という法的地位の確立である。第一次大戦期，ロシア帝国，オーストリア＝ハンガリー帝国，オスマン帝国が崩壊し，ロシア人やアルメニア人などの大量の難民がでた。[3]これを契機に国際連盟に難民高等弁務官を設置し，国際法において難民に地位をあたえ保護する実務が始められ，1933年には難民の地位に関する条約が初めて締結された。[4]しかし難民の定義が狭く，第二次大戦中に生じた大量のユダヤ人難民には対応できず，戦後，国際連合の会議で，現行の1951年難民条約が採択された（1954年発効）。当時は「1951年1月1日前に生じた事件の結果として」生じた難民に限定していたが，1967年議定書でその限定も除かれた。今日国際法により保護される難民とは「人種，宗教，国籍，特定の社会集団の構成員であること又は政治的意見を理由に迫害を受けるおそれがあるという十分に理由のある恐怖を有するために，国籍国の外にいる者であって，その国籍国の保護を受けることができないもの又はそのような恐怖を有するためにその国籍国の保護を受けることを望まないもの」ならびに無国籍の同様の者と定義され（51年条約1条A(2)），難民は，当該条約に掲げる諸権利（裁判を受ける権利，売買・賃貸や労働の権利など）に応じて国民同等の保障，または同一事情の外国人より不利でない保障がなされる地位にあるものとされる。また難民は，生命または自由が脅威にさらされていた領域から直接やってきて許可なく避難国に入国または滞在しているとき，遅滞なく出頭して不法にいることの相当な理由を示すときは，不法入国や不法滞在を理由に刑罰を科されない（同31条）。合法的にいる難民は原則として追放されず（同32条），いかなる方法によっても，その生命または自由が脅威にさらされるおそれのある領域の国境へ追放や送還されない（同33条。ノン・ルフールマン原則）。なお，51年難民条約と並行して，国連は1950年に国連総会の補助機関として国連難民高等弁務官（UNHCR）事務所を設置した（51年より活動）。

　どの国家も，こうした内容の国際人権条約に加入するかどうかは自主的に決

定でき，加入したときは，自国法を改変整備して，条約の内容を誠実に国内で実施する義務を負う。たとえば難民条約・議定書に加入すれば，移民規制法において「難民」の地位をもつ外国人を保護する改正を行うことになる。ヨーロッパ諸国のみならず世界の諸国が，近代国民国家としての憲法の下で移民規制法を制定し，受入れうる国際条約にも加入して国内法を改変整備し，そうした国内諸法を移民規制に用いている。[5] 現在の EU 各国も，EU 法が関わらない範囲では，同じである。

3　EU 法

　EU 各国が世界の諸国と異なるのは，EU 法に服する点である。EU 法こそ EU 各国の法を国際法よりもはるかに強力に改変してきた。しかもそれが適用される範囲も拡大している。[6]

　EU は，EU 諸国が締結する基本条約（EU 条約および EU 運営条約〔≒旧 EC 条約〕）により設立され運営される。EU には他の国際機構にない独自の特徴が多くあり，これをみれば EU が各国の法を改変する力をもつことがわかる。

①EU 自体に立法権が基本条約の許す範囲で認められる。つまり，EU と構成国の間で，連邦に似て，立法権が配分されている。人の国際移動を規律する立法権もそうである（ゆえに，立法権限争いが EU と各国で生じうる）。

②EU の立法権は，EU の固有の機関である，欧州委員会・閣僚理事会・欧州議会が関与して行使される。欧州委員会は EU 公益代表として法案を提出し，欧州議会は EU 諸国の国民から直接選挙される代表議会として法案の採択権を行使する。閣僚理事会は EU 各国政府の代表会議として欧州議会と対等に採択権を行使する。こうして，EU 規則，EU 指令といった名称の EU 立法が採択される。

③EU の基本条約も EU 立法（規則・指令等）も，文言と内容が明確かつ無条件であれば，EU 各国の法を通さずに，EU 各国の人々に直接に権利を与える（直接効果）。そして人々は EU 各国の裁判所で，EU 法上の権利を直接に行使できる。

④EU 法と各国法が矛盾し抵触するときはつねに EU 法が優先する（EU 法の優

第3部　人の国際移動に関するグローバル秩序と地域形成

位性）。各国の裁判所は EU 法と矛盾する各国法の適用は排除する義務がある。さらに，EU 法と矛盾する各国法をもつ EU 構成国は，EU の機関である欧州委員会から EU の裁判所に訴えられ，制裁金を課されうる。

⑤EU には固有の裁判所（欧州司法裁判所）がある。EU 法には直接効果があるので多くの訴訟は EU 各国の裁判所に提起される。国内訴訟で EU 法の争点が現れたときは，各国の裁判所はそれを欧州司法裁判所に付託し，先決的判断（先決裁定）を得ることができる。これは，EU 法の統一的適用のために，各国裁判所と欧州司法裁判所とが連携して運用する先決裁定手続と呼ばれる。

EU は1950年代に経済共同体（EC）として設立され，この時代からすでに基本条約には，経済的に活動する人（労働者・自営業者・サービス提供者）の国際移動に関する法が定められており，それを補充する立法も行われていた。1990年代に政治分野（外交安全保障，各国警察間協力，域外からの移民難民規制など）も扱う EU へと制度が拡充され，経済活動をしない人一般の移動も扱うようになった。1950年代から今日まで EU は，直接に国内に適用され，それと対立する国内法に優越する EU 法を生むことで，EU 各国の法を強硬に変更してきたのである。もっともそういう EU 法を採択するのは，EU 各国代表（閣僚理事会）や EU 諸国民代表（欧州議会）であることも想起すべきである。

3　人の国際移動と EU 法

1　概観

EU 法は，人の国際移動に関わる EU 各国の法を改変してきた。まずは全体の俯瞰図を描いておこう。人の国際移動は，EU については，EU 域内の A 国から B 国への移動（域内移動）と，域外 X 国から域内 A 国への移動（内外移動）の二局面がある。EU は，域内移動については，EU 諸国民＝EU 市民に対して，域内に国境なく，国籍差別を受けずに，自由に移動居住できる状態を実現することを目標としてきた。EU 市民にとって域内移動は「国内」移動に近づくべきものである。他方，EU 域外人（第三国民）は本来 EU 法上の権利主体ではないから，域内 A 国から B 国への移動も「国際」移動であり，EU 各国の

170

移民規制法の適用対象となり，各国からすれば域内国境でパスポート検査をする必要も残る。

しかしこれは国境を規制する各国には煩雑であり，域内に国境のない状態をめざす EU の目標にも近づかない。そこで1980年代後半からの経済市場統合の加速化に伴い，域内移動については域外人も含めて域内国境検査を原則として全廃し，代わりに，域外から域内へ入る国境（対外国境）における検査と出入管理を EU 諸国が EU 統一ルールで行い，域内の各国警察情報を共有するやり方が考案された。これが「シェンゲン圏」である。1985・90年のシェンゲン協定・実施協定で数カ国の有志 EU 諸国間で試行され，1990年代末の基本条約改正で EU 法に編入され，現在は EU28カ国中の22カ国と EU 近隣のノルウェー，アイスランド，スイス，リヒテンシュタインを加えて実施されている。

シェンゲン圏内では，対内国境検査はすべての人について原則全廃される。対外国境検査は残り，EU 市民は専用レーンで簡単な点検だけで通過できるが，域外人は別レーンで精査される。シェンゲン参加義務を負わないイギリス，アイルランドでは，国境検査が伝統的なまま残っている。そのため域外から来た者も域内移動してきた者も，域外人か EU 市民かを問わず，各々レーンは違うが検査の長蛇の列を嘆いている。イギリス・アイルランドとシェンゲン圏諸国の対比は，EU 法（とくにシェンゲン・アキ）がシェンゲン圏諸国の移民規制法を大幅に変更したことを示している。なお，EU 法に取り込まれたシェンゲン圏法制度をシェンゲン・アキ（Schengen acquis シェンゲン既得成果）といい，現在，EU の「自由・安全・正義の領域」政策の一部をなしている。

2 EU 域内移動──域内国境廃止

(1) **EU 市民**　EU 諸国の国籍をもつ人は自動的に「EU 市民たる地位（Citizenship of the Union)」をもち（EU 運営条約20条），EU 市民は EU 域内の移動居住の自由をもつ（同21条)。ただし2004年市民権指令により，3 カ月を超える居住には，十分な生活資力と包括的な疾病保険を備えることが条件とされる（指令 7 条)。この自由はすべての EU 市民に認められ，経済活動に従事するかどうかは問わない。

EU 市民が経済活動に従事する場合は，EC 時代から保障されてきた被用者，自営業者またはサービスの提供・受領者としての自由移動居住権をもつ。EU 市民の権利が一般法なら，経済活動 EU 市民の自由移動権は特別法にあたり優先する。よって経済活動 EU 市民は，十分な生活資力や包括的疾病保険を備えなくても，域内他国に移動し長期居住できる（EU 運営条約45・49・56条）。

　以上はすべて EU 法上の基本的権利であり，欧州司法裁判所は直接効果（権利が直接に生じること）を認めている。[10]

　EU 各国はこの EU 法により移民規制法を変更せざるをえなくなり，EU 諸国民＝EU 市民の移動権つまりは入国の権利や居住の権利を承認せざるをえなくなった。しかも，入国後の EU 他国民について，正当理由なき限り，国民と平等の待遇を保障しなければならなくなった。もちろんこの点はすでに各国法でも同様ではあったが（前述1(1)），EU 法は，例外となる正当理由を限定し，かつ濫用されないよう厳しく EU 各国の権力行使を統制してきた。[11]たとえば「公共の秩序と安全」を理由に，ベルギーがフランス人風俗嬢を国外退去処分にしようとしたとき，自国民風俗嬢の営業を禁止していないならベルギーの「公共の秩序」は現実かつ真正の社会的脅威にさらされていないというべきだから，退去強制は違法だと欧州司法裁判所は判断した。[12]

　(2)　**EU 市民の家族たる域外人**　　EU 法は，域外人についても各国移民規制法の変更を迫った。本来なら，域外人は EU 法上の権利をもたないが，EU 法は域内に EU 市民の家族として存在する域外人については，一定の EU 法上の権利を認めてきた。

　第一に，EU 市民が域内移動するとき，その家族（配偶者や子など）[13]である域外人も同伴ないし合流するために域内移動居住する権利を派生的に認められる（2004年市民権指令4条以下）。この権利は，EU 市民が域内移動することによって域外人家族に派生する権利であって，それなしに域外人家族に独立に認められる権利ではない。

　この EU 法により，EU 各国の移民規制法はさらに変更を余議なくされた。域内移動する EU 市民の域外人家族には各国法上も入国と在留の権利を認めなければならなくなったのである。

第12章　人の移動に関わる EU 法の普遍化可能性

さらに反響を呼んだのはメトック事件である。本件の欧州司法裁判所は2004年市民権指令を解釈して述べた。域外 X 国から域内 A 国に不法に入国し滞在していた単身の域外人がいた。その者が，域内 B 国から A 国に域内移動してきた EU 市民と結婚したときは，その域外人にも EU 法上の EU 市民の家族としての派生的移動居住権が認められ，いまや A 国に合法的に在留できる，と。

これは A 国の移民規制法の下では不法入国滞在者と評価される域外人が，EU 法によって合法的な在留者と再評価されたということである。事案の結果は人道的で，域外人と相手方の結婚し家族をなす人権（EU 基本権憲章 9 条，欧州人権条約12条）を尊重した解釈ともいえるだろうが，移動する EU 市民との偽装結婚もありえ，批判も絶えない。

第二に，現時点では極端に例外的な場合に限るが，たとえ EU 市民が域内移動しないときであっても，EU「市民たる地位」そのものを守るために EU 市民の域外人家族に必要な権利が派生するものと認められる場合がある。欧州司法裁判所はこれを EU 運営条約20条（EU 市民たる地位の創設規定）の解釈により認めた。

サンブラーノ事件である。本件の EU 市民はベルギー国籍の乳児でベルギー在，同居親が域外人で，内乱の南米コロンビアからベルギーに逃れ難民認定を申請したが認定されず（その間に EU 市民たる乳児が出生しベルギー法にもとづき適法に国籍を取得したが），親は EU 域外へ退去処分を受けた。この事案で，欧州司法裁判所は，「EU 市民たる地位」は EU 諸国民の「基本的地位」となるべきものであるから，EU 市民本人が未だ域内移動しない段階であっても，EU 市民たる地位から生じる権利の実質を現実に享受できなくなる政府措置を排除することはできると解釈した。本件の場合，親が EU 域外へ退去を強制されると子をつれて退去せざるを得ず，よって EU 市民たる子は将来も域内自由移動居住の権利を現実に享受できなくなる可能性が高い。そのような場合に限って，EU 市民は権利の実質の現実の享受を奪う政府措置を排除できる，つまり本件ではベルギー政府は域外人親に域外退去を強制できないだけでなく，乳児が成人するまで域外人親に乳児と同居する権利，そして域外人親が労働許可など受けず自由に労働できる権利も認めるべきだと判断した。

173

欧州司法裁判所は，EU「市民たる地位」は絵に描いた餅ではなく，現実に実効のある権利であることを強調した。事案の結果は，子供の権利条約（3条）やEU基本権憲章上の子供の人権（24条）や家族生活の基本権（7条）にも配慮した人権尊重の人道的なものだったといえよう。しかしEU各国当局からみれば，域外人に対する移民規制法がまたもやEU法により適用上の制約を受けることになったのであった。

(3) **EU市民と家族関係がない域外人**　EU法は，EU市民と家族関係がない純然たる域外人の域内移動については，当初はEU各国の法に任せていた。しかしシェンゲン法制度をEU法に編入した1990年代末からは，わずかながら徐々にEU法が各国の法を変更しはじめている。

第一に，シェンゲン国境規則により，シェンゲン圏では域内国境検査を，域外人を含め，すべての人について原則全廃した（20条）。例外的に，諸国は治安悪化や緊急時は域内国境検査を暫定的に再導入できる。ただし他国と欧州委員会に通知し，欧州議会に報告する義務がある（23～27条）。

第二に，EUは，域外人のシェンゲン圏内の3カ月を超えない短期滞在について，共通ビザ規則を制定し，短期ビザ発給基準を設け，共通の短期ビザ発給免除国指定もしている。1990年代までは短期ビザについてはシェンゲン諸国間での合意にとどまったが，2000年代，とくに2001年9月11日のアメリカ同時多発テロ以降は，諸国間に治安対策考慮が共有され，EU法として，ビザ共通規則やビザ義務国共通リストなどが整備されることになった。こうして現行法ができている。

第三に，EUは2003年長期居住者指令により，5年以上の長期間合法的に域内諸国に在留している域外人については，EU市民に準じる「長期居住者」たる地位を認め，家族を含めて域内の自由移動居住権をもつことを認めた。

すなわち，EU域内A国に合法的に5年以上在留している域外人と家族にEU法上の「長期居住者」の地位が与えられ，居住許可証が発行され（8条），A国民との平等待遇が原則として認められ（11条），公序・公安に現実に十分重大な脅威とならない限り退去強制を受けない（12条）。ただしA国は「長期居住者」として認めるための「統合条件（integration conditions）」を課せる（5

条2項)。「長期居住者」たる域外人・家族は，（経済活動に従事するか，または十分な生活資力と疾病保険を備えるなら）域内Ｂ国へ移動して3カ月を超えても居住する権利があり（14・15・16条)，Ｂ国民との平等待遇が原則として認められる（21条)。この指令は2011年に改正されて，難民など国際法上の保護を受ける域外人にも対象が広がった。[21]

　もっとも，「長期居住者」たる域外人・家族はEU市民・家族とまったく同等に扱われるわけでもない。たとえば「長期居住者」域外人が域内居住国Ａから域内Ｂ国に移動して労働するとき，Ｂ国は自国民やEU市民を優先する労働政策がEU立法に規定されている場合や，2003年指令の採択以前にＢ国法で，外国人労働者の総量を制限していたときは，それらの優先政策や総量制限を甘受せざるを得ない（14条3・4項)。こうした優先や制限はEU市民・家族に対してすれば国籍差別となり違法とされるところであるが。

　第四に，2011年統合手続・共通権利指令[22]で，合法的に域内に在留する域外人労働者（EU市民の家族にあたる者，長期居住者の地位をもつ者を除く）には，合法的居住と労働に直接に関係ある範囲での，居住国民との平等待遇を権利として保障することが定められた（12条)。すなわち，労働条件，結社の自由，＊教育職業訓練，職業資格承認，＊社会保障，＊税制，＊商品・サービスの利用購入，職業紹介サービスについての平等待遇である。ただし，＊をつけた項目は居住国が平等待遇を制限しうる。

　こうした発展は見られるが，以上を裏返せば，純然たる域外人については，根本的に，3カ月を超える在留を認めるか否かの基準・判断については未だにEU各国の移民規制法・当局に委ねられているということである。域外人はまずはEU各国の法で「合法的」に在留し始めて5年以上経て初めてEU法上の「長期居住者」の地位を認められる。それまでは，EU市民の家族でない限り，2011年指令の下で，限られた範囲のEU法上の限られた平等待遇権をもつにすぎない。純然たる域外人については，未だにEU各国が域内在留規制権を多く保持している。

　⑷　小括　　これまでみた範囲でEU法の特徴をまとめるならば，EU法は，EU市民については，家族（国籍を問わない）ともども，EU域内を一つの

175

国内のように自由移動居住を認めてきた。ただし，３カ月以上の在留には，経済活動をするか，十分な資力と疾病保険の具備を求めており，その点で受入れ国の財政負担にならない人（できればその経済に貢献する人）に限り受入れる姿勢を見せる。また域外人・家族についても，合法的に５年以上域内国に居住する者は，EU市民・家族に準じた法的立場をとろうとしている（なお違いは残るが）。つまりEU域内に定着している人は，国籍を問わず，EU域内を（域内国境のない）一つの領域（「自由・安全・正義の領域」）として感じられるように，EU各国の移民規制法等を変更させようとしてきた。

　しかし，EU法は，域外人の在留規制については多くの未介入領域を残しており，とくに３カ月超の合法的な在留許可はEU各国が権限を掌握している。

3　EU域外から域内への移動──対外国境管理

　シェンゲン法制度が90年代末にEU法に取り込まれ「自由・安全・正義の領域」政策での基礎（シェンゲン・アキ）となり，それ以後，基本条約の数度の改正を経て，現在のEUの基本条約は，EU諸国間に共通の移民政策と難民政策を打ち立てることを構想し，EUに一定の立法権を認めている（77~80条）。

　しかしEU各国の移民政策・難民政策は理念や実務も異なるため，EU共通のそれを樹立することは容易ではなく，EU法が成立している局面は体系的ではなく，部分的で，実務的なニーズに応じた対症療法的なものである。

　(1)　**対外国境の共通検査，対外国境警備**　2006年のシェンゲン国境規則 (Schengen Borders Code) が，シェンゲン諸国の対外国境での出入国検査の手順と基準を統一した。域内自由移動権をもつEU市民・家族，長期居住者たる域外人は専用レーンで簡単な点検だけで通過できるが（７条２項・９条），純然たる域外人は別レーンで精査される（７条３項・９条）。そして検査対象者の出入国管理の個人情報をシェンゲン情報システムで共有し，域内警察に用いている[24]。これとは別に，域外人の短期ビザの発給対象者の個人情報もVIS（ビザ情報システム）を構築してEU諸国で共有している[25]。以上の範囲ではEU法が各国法の個別的対応に取って代わったといえる。

　EU対外国境警備も，EUの拡大とともに，EUを介しての諸国連携が必要

第12章　人の移動に関わる EU 法の普遍化可能性

になってきた。2004年に EU の専門行政機関 Frontex（対外国境警備調整庁）が
設置され[26]、EU 対外国境警備の各国間相互協力の促進や共同編成警備隊の組織
などをするようになった。しかし近時の中東や北アフリカの治安悪化から、ギ
リシャの東エーゲ海、イタリアの南地中海に大量の避難民が押し寄せ、当事国
と現行の Frontex の活動だけでは対応不足であることが明らかになっている[27]。

(2) **EU 共通移民政策の困難**　　EU 各国は、域外人のいかなる移民をいかほ
ど受入れるかの基本合意が長年作れずにいる。その結果、EU での合意は点の
ように散り、既存の EU 立法は体系性がない。すなわち、呼寄せ家族[28]、学生[29]、
科学研究者[30]、高度技能労働者[31]（「ブルーカード（高度熟練）」労働者）、季節労働
者[32]、企業内転勤者[33]にあたる域外人の受入れは、一応 EU 法として合意した。ま
た2011年には、域外人労働者の在留労働許可統合手続を合意した[34]。

　しかし、3カ月超在留の域外人受入れ規制権限の根幹を EU 各国が握る現状
では、こうした合意も EU 各国が随所にその規制権を留保する但し書や例外に
満ちている。たとえば、呼寄せ家族指令では、域内に1年以上の在留許可を得
て合法的に在留する域外人または永住権を居住国から得ることが合理的に期待
できる域外人が、自分の域外人家族（配偶者・未成年未婚子で扶養を要する者）を
呼寄せる許可を居住国に申請できるが（3条）、居住国は当該在留域外人が自
分の家族を呼ぶに相応しい住居、自分と家族全員の疾病保険、自分と家族全員
の生活のための十分な資力を備えることを立証するよう当該域外人に要求でき
（7条1項）、さらにその国が法で課す「統合措置（integration measures）」に従
うことも要求できる（7条2項）[35]。

　このように総論部分は EU で合意するが、実際の許可の可否を左右する各論
部分は各国法に委ねられるのが特徴である。そして2011年の統合手続・共通権
利指令は、域外人労働者の居住許可と労働許可の手続きを統合し一本化するも
のであるが、これは手続を共通化したにすぎない。現状では EU 法において固
有の移民政策を示す次元にまでは達してないというべきであろう。

(3) **EU 共通難民政策の困難**　　難民政策についても EU 共通政策は進展がお
そい。そもそも1990年代以前の旧 EC には、難民政策権限がなかった。そこで
EC 諸国は EC の枠外で1990年にダブリン条約を締結し、難民は EC 全域で1

177

第3部　人の国際移動に関するグローバル秩序と地域形成

カ国にしか難民庇護申請をできないとの原則をたて，難民審査の担当国を指定するルールを作った。後にEUの基本条約改正で難民政策権限が付与され，そこでダブリン条約がEU法に編入され，今日のダブリンⅡ規則となった。[36]

　実際にはダブリンⅡ規則の下で難民のEU入境の玄関口となる特定国（ギリシャ，イタリアなど）に過大な実務負担がかかり，特定国の難民制度では許容能力を超え，難民の地位も人権も保障が現実には非常に困難なままである。たとえば2010年代初頭のN. S. 事件[37]は，ダブリンⅡ規則にもとづくEU諸国の難民対応の難しさを物語っている。当時，アフガニスタン等からギリシャに接受能力を超えるほどの難民が大量に押し寄せていた。本件の原告らもギリシャに不法入国したがそこで難民認定申請をせず，イギリスやアイルランドまで行って申請をした。ダブリンⅡ規則では，多くの場合，最初のEU入境国が申請し審査すべき国となる（規則17条）。そこでイギリス・アイルランド両政府は原告らをギリシャに送還しようとした。このとき原告らは，ギリシャは難民申請者があふれており審査に不当に長期間を要し，待機中も人道的な接受待遇を期待できないから，ギリシャに送還することは「ノン・ルフールマン原則」に反すると主張した。欧州司法裁判所もこの主張を容れ，ダブリンⅡ規則で指定される難民審査担当国の審査手続と接受待遇に制度的な欠陥があり，難民申請者に対する非人道的または品位を傷つける取り扱いが生じているときは，その国への申請者の移送は，EU基本権憲章4条（非人道的・品位を害する処遇禁止）違反となるので，イギリスやアイルランドが審査国になるべきだと判断した。[38]

　もっとも，EUは2000年代になって，域外国からの大量の避難民の一時的保護[39]，EU諸国共通の難民認定基準[40]，認定手続[41]，接受待遇[42]をEU立法で定め，国際法よりも前進的な特徴も示している。すなわち，国連難民条約にいう「難民」の要件を完全に充足しなくても，出身国の武力紛争等で生命・安全を奪われ難民と類似の保護を要する人々があり，そういう人々に「補充的保護（subsidiary protection）」を受ける地位や（そういう人々が大量流入したときの）「一時的保護（temporary protection）」を受ける地位を認め，難民類似の保護をEU諸国共通に与える点である。[43]これはEU諸国の多くが国内法で同様の保護を認めていたため，EU指令により諸国共通としたのである。ただしこの立法は逆に，本来

178

は「難民」として保護すべき者を「補充的保護」に格下げして保護する国家実行を招く危険もはらむ。[44]とはいえ，少なくとも規範の上では国際法に比べEU法が前進した点といえよう。

4　むすび——EU法の普遍化可能性

EU法の経験は，どこがあるべき法としての善さをもち，世界にも普遍化可能性をもつだろうか。まず普遍化可能と言い難い点は，EUの域外から域内への移動（対外国境管理）をめぐるEU法であろう。これはEU各国の移民規制法に大部分が支配された領域であり，EUらしさがさほど見られないからである。

では次に，EU法としての善さが読みとれるのはどこか。これは第一に，EU域内移動をめぐるEU法の展開であろう。ただし，普遍化可能と思われるのは，個々の具体的な法技術ではなく，法の作り方や運用の仕方をつかさどる思想であろう。素描ながら強調して描いたように，EUの域内移動の法は，EU市民を他の人々より優先させるというバイアスはあるものの，それでもEU市民の家族たる域外人，長期居住者たる域外人，そして合法在留域外労働者，という順に，なるべくEU市民に準じた自由権（移動居住権）や平等待遇を認めようとしている。なるほどこれは世界各国の国内法の状況とさして変わらないといえるかもしれない。そこでも合法的に入った外国人を国民と原則としては平等に待遇するのであるから。だがEUは諸国のマクロ地域である。マクロ地域において人の国際移動をまるで国内移動であるかのように扱うという思想と法技術を発展させているところがEUらしく，また，グローバル市場経済が人の移動を進める今日の世界の諸国にも，一定のマクロ地域での人の自由移動の可能性を示唆するとはいえないだろうか。

第二に，EU法の運用において，これは域内移動も内外移動も，人権保護的で人道的な法解釈が積極的になされてきたことも普遍化可能であろう。不法入国滞在者であっても域内移動EU市民と家族をなせば合法的存在として積極的に認めるところや，EU内外移動の面でも，難民や補充的保護の対象者については，家族の結合を尊重する規定をおくなど，[45]その人権保障と人道的待遇を現

179

行法規の技術的規定よりも優先させるような法思想が読みとれる。とかく移民規制法上の適法性・不法性ばかりを強調する世界各国の移民行政に対する，人権・人道の配慮に満ちた法運用のモデルとなるのではなかろうか。サンブラーノ事件で欧州司法裁判所がみせた法解釈の精神は，日本の当局が，日本で生まれ育った未成年子をもつ外国人親を「不法滞在・不法就労」が「悪質」であるとのかどでほぼどの事案も一律に本国送還処分にしている例[46]と好対照をなすであろう。

注
1) 多くは，海外植民地へ移民を送出し，そこからの移民受入れも行った。たとえばイギリスはその結果，法的地位が異なる市民権をもつ国民ができた。1950年代の植民地の独立により，イギリスの移民法・国籍法も大変革を余儀なくされた。*See*, Ann Dummett and Andrew Nicol, *Subjects, Citizens, Aliens and Others: Nationality and Immigration Law*（Weidenfeld and Nicolson, 1990）；柳井健一『イギリス近代国籍法史研究——憲法学・国民国家・帝国』（日本評論社，2004）。
2) イギリスは前掲書（注1）。アメリカの国籍・移民規制法史として，*eg.*, Kunal M. Parker, *Making Foreigners: Immigration and Citizenship Law in America, 1600–2000*（Cambridge U. P., 2015）.
3) Claudena M. Skran, *Refugees in Inter-war Europe: The Emergence of a Regime*（Clarendon Press, 1995）at 32–33.
4) *Id.* at 84–85, 122–129.
5) 日本は，1946年に現行憲法（47年施行），1951年に出入国管理法を制定し，1956年に国連加盟を承認され，1979年に国連人権規約（社会権規約および自由権規約），1982年に51年難民条約と67年議定書，1996年に人種差別撤廃条約，1985年に女子差別撤廃条約，1994年に子供の権利条約，2014年に障害者権利条約に加入している。難民条約・議定書への加入とともに出入国管理法を改正し，現在の出入国管理および難民認定法となった。日本も世界の諸国と同様に，外国人の入国は慣習国際法上，国家の自由裁量によるもので，憲法上の人権として保護されるものではないという立場である（判例・通説）。最大判昭和32年6月19日刑集11巻6号1663頁，最大判昭和53年10月4日民集32巻7号1223頁（マクリーン事件），佐藤幸治『憲法』（青林書院，1981）294–295頁，高橋和之『立憲主義と日本国憲法』（有斐閣，2005）81頁など。いったん入国した外国人は，合理的な理由による国籍区別を除き，国民と平等の待遇を得る。高橋・前掲79–86頁。
6) EU概説として，中村民雄『EUとは何か——国家ではない未来の形』（信山社，2015）。
7) 人の移動に関するEU法の詳細は，*eg.*, Steve Peers, *EU Justice and Home Affairs*

第12章　人の移動に関わる EU 法の普遍化可能性

Law, 3rd ed.（Oxford U. P., 2011）；Catherine Barnard, *The Substantive Law of the EU*, 4th ed.（Oxford U. P., 2013）Chaps. 8-14.

8 ）　EU 市民たる地位をめぐる諸判例について，中村民雄「判例にみる EU 市民権の現在
　　──移動市民の権利から居住市民の権利へ？」日本 EU 学会年報32号（2012年）135-157頁。

9 ）　Directive 2004/38/EC［2004］OJ L 229/35.

10）　この点の諸判例は，中村民雄・須網隆夫『EU 法基本判例集（第 2 版）』（日本評論社，2010）。

11）　EC 時代の Directive 64/221［1963-4］OJ Spec. Ed. 117；EU 時代の2004年市民権指令27条以下。

12）　Cases 115 & 116/81, Adoui and Cornuaille［1982］ECR 1665.

13）　EU 市民の家族員とは，EU 市民の配偶者，EU 各国法が認めるパートナーシップの
　　パートナー，市民本人および配偶者もしくはパートナーの，21歳未満の直系卑属または扶
　　養家族，ならびに市民本人および配偶者・パートナーの直系尊属をいう（2004年市民権指
　　令 2 条 2 項）。

14）　Case C-127/08, Metock［2008］ECR I-6241. 解説として，中村民雄「EU 市民の域外
　　国籍配偶者の移動居住権」貿易と関税2009年 9 月号79頁。

15）　Case C-34/09, Zambrano［2011］ECR I-1177. 解説として，中村民雄「判例による
　　EU 市民権の変革──サンブラーノ事件とマカーシー事件」貿易と関税2011年10月号75頁。

16）　Regulation 562/2006［2006］OJ L 105/1（Schengen Borders Code）.（イギリス・ア
　　イルランドには不適用）

17）　Regulation 810/2009［2009］OJ L 243/1（共通ビザ規則）；Regulation 539/2001
　　［2001］OJ L 81/1（ビザ必要国リスト）；Regulation 767/2008［2008］OJ L 218/60（ビ
　　ザ申請情報システム VIS）。なおこれらの規則は細部について事後改正を頻繁に受けてい
　　る（詳細割愛）。

18）　Peers, *supra*（note 7）, at 231.

19）　Directive 2003/109［2003］OJ L16/44.

20）　この文脈でいう「統合（integration）」は，居住国の言語，慣行，文化社会規範を移民
　　側が許容すること（あるいは順応もすること）を漠然と指していることが多い。詳細な検
　　討は，Cliodhna Murphy, *Immigration, Integration and the Law*（Ashgate, 2013）。

21）　Directive 2011/51［2011］OJ L 132/1.

22）　Directive 2011/98［2011］OJ L 343/1.（イギリス・アイルランド・デンマークには不
　　適用）

23）　Regulation 562/2006［2006］OJ L 105/1.

24）　Regulation 1987/2006［2006］OJ L 381/4.

25）　Regulation 767/2008［2008］OJ L 218/60.

26）　Regulation 2007/2004［2004］OJ L 349/1.

27）　FRONTEX, *FRAN Quarterly, Quarter 1, Jan.-Mar. 2015*（2015）at 20-23.

28）　Directive 2003/86［2003］OJ L 251/12.

第 3 部　人の国際移動に関するグローバル秩序と地域形成

29) Directive 2004/114 [2004] OJ L 375/12.

30) Directive 2005/71 [2005] OJ L 289/15.

31) Directive 2009/50 [2009] OJ L 155/17.

32) Directive 2014/36 [2014] OJ L 94/375.

33) Directive 2014/66 [2014] OJ L 157/1.

34) Directive 2011/98 [2011] OJ L 343/1.

35) 注20参照。

36) Regulation 604/2013 [2013] OJ L 180/31 (Regulation 343/2003 の改訂)；Commission Implementing Regulation 118/2014 [2014] OJ L 39/1.

37) Cases C-411/10 and C-493/10, N. S. [2011] ECR Ⅰ-13905.

38) 詳細は，中村民雄「EU 共通難民規則の EU 基本権憲章適合的な解釈」貿易と関税2012年 6 月号91頁。

39) Directive 2001/55 [2001] OJ L 212/12 (Temporary Protection Directive).

40) Directive 2011/95 [2011] OJ L 337/9 (Qualification Directive II) (Directive 2004/83の改訂)．

41) Directive 2013/32 [2013] OJ L 180/60 (Council Directive 2005/85の改訂)．

42) Directive 2013/33 [2013] OJ L 180/96 (Directive 2003/9の改訂)．

43) Directive 2001/55, Art. 8ff；Directive 2011/95, Art. 18ff.

44) Jane McAdam, "The European Union Qualification Directive: The Creation of a Subsidiary Protection Regime" (2005) 17 Intl J Refugee L 461-516.

45) Directive 2011/95, Art. 23；Directive 2001/55, Art. 15.

46) *Eg.*, 東京地判平成25年 2 月15日 LexDB25510720；平成26年 4 月18日 LexDB25519009；平成26年 4 月24日 LexDB25519006. *cf.* 東京高判平成26年 2 月26日 LexDB25503242（フィリピン女性が日本人男性と内縁関係にあり，フィリピンにいる子に仕送りをしていた事例で，当該女性の退去強制は違法とした）。

あ と が き

　本書は，2013年12月13日，14日の両日に開かれた，上智大学創立100周年記念シンポジウム「人の移動と地域統合：高度人材獲得に向けた EU の地域戦略──アジア・日本への示唆──」を契機に編纂されたものである。このシンポジウムは，上智大学ヨーロッパ研究所，ジェトロ・アジア経済研究所，日 EU 関係科研費研究グループが主催し，法務省，経済産業省，国際移住機関（IOM）からの後援をいただいた。出席者は両日とも100名を超え，盛況のうちに幕を閉じた。特に，IOM 駐日事務所長のウィリアム・バリガ氏には，シンポジウムに参加していただいたのみならず，本書においても巻頭言をご寄稿いただいた。さらには，本書の刊行にあたり，同事務所からは多大なご支援をいただいた。改めて，謝意を表したい。

　このシンポジウムにおいてご報告いただいた，安藤研一先生，植田隆子先生，須網隆夫先生，中村民雄先生は，本書の執筆にも快く応じてくださった。それぞれ，経済，安全保障，法律分野において今日代表的な EU 研究者であることには，改めて触れるまでもないであろう。そして，この諸先生方の卓越した仕事のおかげで，学際的でありながらも各々のディシプリンどうしの関連が簡潔明瞭な，きわめて優れた論文集を世に出すことが可能となった。その手腕に感服するとともに，心から御礼申し上げたい。

　また，本書の狙いは，学際的でありつつも，同時に人の国際移動にかかわる国家の役割に焦点を当てることにあった。この意味で，とりわけ日本では立ち遅れている，国際政治学（国際関係論）のアプローチによる人の国際移動研究を紹介することは重要であった。上記シンポジウムにおいて基調報告をされたジェームズ・F. ホリフィールド先生は，まさにこの分野での草分け的な存在である。研究面での成熟度のみならず，高等教育への発展の度合いという点からみても，いわゆる「マイグレーション研究（Migration Studies）」は日本よりも欧米諸国の方がはるかに発達している。しかし，欧米諸国でさえ，国際政治

学の理論を用いてこの問題に取り組む研究者は比較的少数であった。ホリフィールド先生ご自身，1992年に Harvard University Press から *Immigrants, Markets and States* を出版した際，しみじみそのように感じたと述懐されている。しかし，その後，人の国際移動に国家主権の問題が密接に関係していることが着目されるようになってから，国際政治学と人の国際移動の接点はますます興味深い研究テーマとして全世界から注目されるようになった。それに伴い，先生の業績はますます貴重なものと評価されるようになり，先生は2016年に International Studies Association において Distinguished Scholars Award を受賞された。本書においてホリフィールド先生の論考を掲載することができたのはほかでもない先生のご厚意のおかげであるが，これを機に，日本でもより多くの国際政治学者が扱うテーマに人の国際移動が加えられることを願ってやまない。

このほか，特に第2部においては，EU 加盟国各国政治の研究者に執筆を依頼した。若松邦弘先生，森井裕一先生，坂井一成先生，清水謙氏，中井遼先生，それぞれ，イギリス，ドイツ，フランス，スウェーデン，バルト三国の政治研究の第一人者である。ここで目に留めていただきたいのは，この先生方の多くは，人の国際移動を専門とする研究者ではない，ということである。諸先生方に敢えて執筆をお願いした背景には，人の国際移動についての先行研究からは見えてこないような視点を見出していただきたい，という編者の願いがあった。特に，「序章」でも触れたように，いわゆる移民や難民の立場のみを考察の対象とするのではなく，そして，移民や難民の問題を国家権力の傲慢性の問題として無批判に片付けてしまうのではなく，彼らと，受け入れ国の国民との関係に焦点を当てることによって，移民や難民を受け入れるための政策や政治をダイナミックに描いていただくことを期待した。そして，その試みは大成功であった。諸先生方のおかげで，難民や移民の問題を，モラルや支配，搾取などの問題にとどまらない，国民形成や国家性の問題として捉えることが可能になり，結果，学問の地平が大きく開かれたと感じている。改めて，感謝申し上げる次第である。

また，同様に優れた論文を寄稿いただき，ホリフィールド先生原稿の和訳も

あとがき

引き受けてくださった，佐藤俊輔氏にも御礼を申し上げたい。佐藤氏は新進気鋭のEU人の移動研究者であり，今後ますます混迷を深めるEUの動向を，現地滞在者ならではの視点から鋭く切り込んでくれるに相違ないと期待している。

そして，今回諸般の都合により論文の収録には至らなかったものの，シンポジウムに参加いただき様々な視点から知的刺激を与えてくださった，慶應義塾大学の渡邉頼純先生，筑波大学の石川知子先生，ジェトロ・アジア経済研究所の山田美和氏，梅崎創氏，法務省入国管理局審判課長・君塚宏氏，経済産業省経済産業政策局参事官（当時）・奈須野太氏，そして，ドイツはハンブルク大学から駆けつけてくださったガブリエル・フォークト先生，ブリュッセルのEU本部からお越しくださった，閣僚理事会事務局のパオロ・M.コッス氏にも心から御礼申し上げたい。また，同シンポジウムを成功に導いて下さった，上智大学ヨーロッパ研究所所長の市之瀬敦先生，同職員の藤代郁子氏，その他学生諸君にも心から感謝する所存である。

最後に，本書の刊行に際しては，法律文化社の小西英央氏に行き届いたご配慮をいただいた。特に，初めての編纂本であることからいろいろと気後れしていた編者は，氏から優しく，かつ頼りがいのある助力をいただいた。記して，ここにあつく御礼申し上げたい。

2015年12月
四ツ谷の研究室にて
岡部　みどり

執筆者紹介

（①所属・肩書　②最終学歴　③専門分野　④主な業績　　執筆順，＊は編者）

岡部　みどり＊（おかべ　みどり）　巻頭に寄せて（翻訳），序章，第1章，あとがき

①上智大学法学部教授

②東京大学大学院総合文化研究科国際社会科学専攻博士課程修了，博士（学術）

③人の国際移動研究，欧州国際政治

④ "Commentary on Erin Aeran Chung, 'Immigration Control and Immigrant Incorporation in Japan and Korea'," in J. F. Hollifield, P. Orrenius and P. Martin（eds.）, *Controlling Immigration──A Global Perspective* 3ʳᵈ ed., CA：Stanford University Press, 2014.

「グローバル社会化──「世界」の拡大と秩序の可能性」吉川元・首藤もと子・六鹿茂夫・望月康恵編『グローバル・ガヴァナンス論』法律文化社（2014年）42-55頁

「シェンゲン規範の誕生──国境開放をめぐるヨーロッパの国際関係」『上智法学論集』57巻1-2号（合併号）（2013年）41-62頁

安藤　研一（あんどう　けんいち）　第2章

①静岡大学人文社会科学部教授

②Ph.D.（Economics）, University of Reading, UK

③経済学（EU経済，多国籍企業論）

④ *Japanese Multinationals in Europe, A Comparison of the Automobile and Pharmaceutical Industries*, Cheltenham, UK・Northampton, MA, USA：Edward Elgar.

「中東欧10カ国のEU加盟と生産要素移動，直接投資と労働力移動の動向と意義」『ロシア・ユーラシアの経済と社会』2014年3月号（No.979）2-17頁

"Economic integration from above and below with the evidence of Japanese MNEs in Europe," in Miroslav N. Jovanović（ed.）, *International Handbook on the Economics of Integration, vol. III, Factor Mobility, Agriculture, Environment and Quantitative Studies*, Cheltenham, UK・Northampton, MA, USA：Edward Elgar, pp. 88-109.

執筆者紹介

須網　隆夫（すあみ　たかお）　第3章
①早稲田大学大学院法務研究科教授
②東京大学法学部，コーネル大学LL. M., カトリック・ルーヴァン大学LL. M.
③EU法，国際経済法
④「グローバル立憲主義とヨーロッパ法秩序の多元性」『国際法外交雑誌』113巻3号
　（2014年）25-55頁
　『グローバル社会の法律家論』現代人文社（2002年）
　『ヨーロッパ経済法』新世社（1997年）

植田　隆子（うえた　たかこ）　第4章
①国際基督教大学教授
②津田塾大学大学院国際関係学研究科博士後期課程修了（学術博士）
③国際安全保障論，欧州研究
④『新EU論』信山社（2014年，共編著）
　"A Japanese perspective on the beginnings of the OSCE Asian Partnership for
　Co-operation," in the OSCE Secretariat (ed.), *The OSCE Asian Partnership for
　Co-operation : Reflections and Perspectives*, Vienna, 2015.
　"EU Global Strategy Expert Opinion" No. 14, 04 February 2016, European Union,
　Global Strategy, Comment.（EUが改訂中の外交安全保障戦略に対し，EU圏内外
　の識者に依頼して意見を聴取。上記のEUのサイトとともに，EUの機関である
　EU Institute for Security Studiesのサイトでも2016年1月15日―3月15日に公示）。

佐藤　俊輔（さとう　しゅんすけ）　第5章，第11章(翻訳)
①ブリュッセル自由大学，エラスムス・ムンドゥスGEM奨学研究員
②東京大学法学政治学研究科博士課程（満期退学）
③EU政治，ヨーロッパ政治，移民・難民政策
④「EUにおける移民統合モデルの収斂？――「市民統合」政策を事例として」『日本
　EU学会年報』35号（2015年）
　「欧州における市民統合法制の現在」『比較法学』46巻1号（2012年）
　「EU」馬場康雄・平島健司編『ヨーロッパ政治ハンドブック　第2版』東京大学出
　版会（2010年）

若松　邦弘（わかまつ　くにひろ）　第6章
①東京外国語大学大学院総合国際学研究院教授
②ウォーリック大学博士課程修了，Ph.D.（Politics）
③西欧政治，イギリス政治
④「イギリスにおける都市政策のアジェンダ変化——自由主義レジームにおける社民主
　義政権の改革とジレンマ」『国際関係論叢』3巻2号（2014年）1-39頁
　「自由主義右派の政党組織化——連合王国独立党（UKIP）の展開と政党政治上の意
　味」『国際関係論叢』2巻2号（2013年）51-94頁
　「政策の領域化と調整——都市政策システムのヨーロッパ化」平島健司編『国境を越
　える政策実験・EU』東京大学出版会（2008年）135-169頁

森井　裕一（もりい　ゆういち）　第7章
①東京大学大学院総合文化研究科教授
②東京大学大学院総合文化研究科国際関係論専攻博士課程中途退学
③EU研究，国際政治学
④『現代ドイツの外交と政治』信山社（2008年）
　『ヨーロッパの政治経済・入門』有斐閣（2012年）
　『地域統合とグローバル秩序——ヨーロッパと日本・アジア』信山社（2010年）

坂井　一成（さかい　かずなり）　第8章
①神戸大学大学院国際文化学研究科教授
②一橋大学大学院社会学研究科博士後期課程退学，博士（学術）
③国際関係論，EU対外政策，フランス外交
④『ヨーロッパの民族対立と共生〔増補版〕』芦書房（2014年）
　『新版グローバリゼーション国際関係論』芦書房（2014年，編著）
　「EUの地中海政策におけるフランスの関与と課題——移民問題のセキュリタイゼー
　ションをめぐって」『国際政治』182号（2015年）58-70頁

清水 謙（しみず けん） 第9章
①東京大学総合文化研究科国際社会科学専攻（国際関係論分野）・博士課程
②東京大学大学院総合文化研究科修士課程修了
③国際政治学，スウェーデン政治外交史
④「スウェーデンの2006年議会選挙再考――スウェーデン民主党の躍進と2010年選挙分析への指標」『ヨーロッパ研究』10号（2011年）7-27頁
　「スウェーデンにおける「移民の安全保障化」――非伝統的安全保障における脅威認識形成」『国際政治』172号（2013年）87-99頁
　「スウェーデンにおける国籍不明の潜水艦による領海侵犯事件についての分析――「中立」と西側軍事協力と武力行使基準に着目して」『IDUN ――北欧研究』21号（2015年）337-368頁

中井 遼（なかい りょう） 第10章
①立教大学法学部助教
②早稲田大学大学院政治学研究科博士後期課程修了，博士（政治学）
③比較政治学
④『デモクラシーと民族問題――中東欧・バルト諸国の比較政治分析』勁草書房（2015年）
　"The Influence of Party Competition on Minority Politics : A Comparison of Latvia and Estonia," *Journal on Ethnopolitics and Minority Issues in Europe*, 13(1), 2014, pp. 57-85.
　"Democratizing Party Leadership Selection in Japan and Taiwan," (with Y. Narita and K. Kubo) in G. Sandri, A. Seddone, and F. Venturino (eds.), *Party Primaries in Comparative Perspective*, Ashgate, 2015, pp. 105-127.

ジェームズ・F. ホリフィールド 第11章
①米国サザン・メソジスト大学教授，同大学ジョン G 政治学研究タワーセンター長
②デューク大学政治学博士（Ph.D.）
③国際政治経済学，人の国際移動研究
④ *The Emerging Migration State*, Harvard University Press, forthcoming, J. F. Hollifield, P. Orrenius and P. Martin (eds.), *Controlling Immigration : A Global Perspective*,Stanford University Press, 3rd ed., 2014.

中村　民雄（なかむら　たみお）　第12章
①早稲田大学法学学術院教授
②東京大学大学院法学政治学研究科博士課程修了，博士（法学）
③EU 法，イギリス法
④『EU とは何か──国家ではない未来の形』信山社（2015年）
　『欧州憲法条約──解説及び翻訳』衆議院憲法調査会事務局（2004年）
　『イギリス憲法と EC 法──国会主権の原則の凋落』東京大学出版会（1993年）

人の国際移動とEU
――地域統合は「国境」をどのように変えるのか？

2016年4月15日　初版第1刷発行

編　者	岡部みどり
発行者	田靡純子
発行所	株式会社 法律文化社

〒603-8053
京都市北区上賀茂岩ヶ垣内町71
電話 075(791)7131　FAX 075(721)8400
http://www.hou-bun.com/

＊乱丁など不良本がありましたら，ご連絡ください。
　お取り替えいたします。

印刷：共同印刷工業㈱／製本：㈱新生製本
装幀：前田俊平
ISBN978-4-589-03773-2

Ⓒ2016 Midori Okabe Printed in Japan

JCOPY 〈(社)出版者著作権管理機構　委託出版物〉

本書の無断複写は著作権法上での例外を除き禁じられています。複写される
場合は，そのつど事前に，(社)出版者著作権管理機構（電話 03-3513-6969,
FAX 03-3513-6979, e-mail: info@jcopy.or.jp）の許諾を得てください。

高橋 進・石田 徹編

「再国民化」に揺らぐヨーロッパ
―ナショナリズム・EU・移民―

A 5 判・240頁・3800円

ナショナリズムの隆盛をふまえ，国家や国民の再編・再定義が進む西欧各国における「再国民化」の諸相を分析。西欧デモクラシーの問題点と課題を提示し，現代デモクラシーとナショナリズムを考えるうえで新たな視座を提供する。

高橋 進・石田 徹編

ポピュリズム時代のデモクラシー
―ヨーロッパからの考察―

A 5 判・246頁・3500円

ポピュリズム的問題状況が先行しているヨーロッパを対象として取りあげ，理論面と実証面から多角的に分析し，問題状況の整理と論点の抽出を試みた。同様の問題状況が現れつつある日本政治の分析にとって多くの示唆を与える。

吉川 元・首藤もと子・六鹿茂夫・望月康恵編

グローバル・ガヴァナンス論

A 5 判・326頁・2900円

人類は平和構築・予防外交などの新たなグッド・ガヴァナンスに希望を託せるのか。地域主義やトランスナショナルな動向をふまえ，グローバル・ガヴァナンスの現状と限界を実証的に分析し，求められるガヴァナンス像を考察する。

南川文里著

アメリカ多文化社会論
―「多からなる一」の系譜と現在―

A 5 判・228頁・2800円

「多からなる一」というアメリカを支える理念が，様々な困難や葛藤を抱えつつ市民的編入の実現や人々の実践，制度構築などの歴史的展開の中で，どのように具現化されてきたのか包括的に考察。日本の多文化共生社会の構想への示唆に富む。

中西優美子編

EU 環境法の最前線
―日本への示唆―

A 5 判・240頁・3200円

環境規制基準など世界をリードするEU環境法の最新の内容を紹介し，検討。環境影響評価／地球温暖化対策／動物福祉／生物多様性／海洋生物保護／GMO規制／原子力規制等を取りあげ，日本法との関係や影響を分析，示唆を得る。

R.A.W. ローズ，ジョン・ワンナ，パトリック・ウェラー著／小堀眞裕・加藤雅俊訳

ウェストミンスター政治の比較研究
―レイプハルト理論・新制度論へのオルターナティヴ―

A 5 判・320頁・7200円

政治形態を比較研究したレイプハルトによるウェストミンスター理解に対し，各国の内的発展過程を解明することによりその対案を提示する。解釈アプローチが新制度論を凌駕することを実証的に示し，日本政治の「解釈」に有用な分析手法も提供する。

―――― 法律文化社 ――――

表示価格は本体（税別）価格です